图书馆助力
乡村文化振兴
路径探究

宗栓金◎主编

宛凯林　李铁梅　黄艳华　谭微◎副主编

气象出版社
China Meteorological Press

图书在版编目（CIP）数据

图书馆助力乡村文化振兴路径探究 / 宗栓金主编；宛凯林等副主编. -- 北京：气象出版社，2023.12
ISBN 978-7-5029-8134-1

Ⅰ. ①图… Ⅱ. ①宗… ②宛… Ⅲ. ①图书馆－作用－农村文化－文化事业－建设－研究－中国 Ⅳ. ①G127

中国国家版本馆CIP数据核字(2023)第247442号

图书馆助力乡村文化振兴路径探究
Tushuguan Zhuli Xiangcun Wenhua Zhenxing Lujing Tanjiu

出版发行：	气象出版社			
地　　址：	北京市海淀区中关村南大街46号		邮政编码：	100081
电　　话：	010-68407112（总编室）　010-68408042（发行部）			
网　　址：	http://www.qxcbs.com		E-mail：	qxcbs@cma.gov.cn
责任编辑：	蔺学东　吴骐同		终　　审：	张　斌
责任校对：	张硕杰		责任技编：	赵相宁
封面设计：	艺点设计			
印　　刷：	北京中石油彩色印刷有限责任公司			
开　　本：	710 mm×1000 mm　1/16		印　　张：	9.25
字　　数：	150千字			
版　　次：	2023年12月第1版		印　　次：	2023年12月第1次印刷
定　　价：	60.00元			

本书如存在文字不清、漏印以及缺页、倒页、脱页等，请与本社发行部联系调换。

前言
FOREWORD

党的十九大首次提出乡村振兴战略，把乡风文明作为乡村振兴战略的五大要素之一。2018年中共中央、国务院印发的《乡村振兴战略规划（2018—2022年）》指出，坚持以社会主义核心价值观为引领，以传承发展中华优秀传统文化为核心，以乡村公共文化服务体系建设为载体，培育文明乡风、良好家风、淳朴民风，推动乡村文化振兴。基于此，本书重点阐述图书馆助力乡村文化振兴之路径，为我国乡村文化振兴战略的顺利实施提供实践参考，必将助力逐步缩小城乡的文化鸿沟，并有助于乡村振兴战略在我国广大乡村的落地生根。

本书分为四章，"第一章 图书馆概览"由华南农业大学图书馆宗栓金执笔，李铁梅、谭微参与编写，从图书馆的内涵（功能）入手，先后论述中西方图书馆的简史，并阐明图书馆对于乡村文化振兴的作用等；"第二章 乡村文化振兴概览"由谭微执笔，宛凯林参与编写，重点阐释乡村振兴战略和乡村文化振兴的内涵、乡村文化振兴瓶颈分析等；"第三章 图书馆助力乡村文化振兴的路径"由宗栓金执笔，宛凯林参与编写，重点论述高校图书馆和乡村图书馆助力乡村文化振兴的路径等；"第四章 成功实践分享"由宗栓金执笔，黄艳华参与编写，重点分享我国图书馆助力乡村文化振兴的成功实践等。全书由宗栓金统稿。本书的出版适合在校师生参阅，同时适合从事乡村振兴的人士参考。

本书力求做到通俗易懂，但限于编者专业的限制，难免有欠妥之处，敬请读者予以斧正，编者不胜感谢！在本书的编写过程中，参阅了很多国内作者的著述、文章等，虽力求全部列出，但难免有疏漏，请原著（作）者见谅，编者对于原著（作）者表示衷心感谢！

　　本书得到 2023 年韶关市省科技创新战略专项市（县）科技创新支撑"大专项+任务清单"项目专题五：农村科技特派员驻镇帮镇扶村行动（2023 年度）等资金的资助。

编者

2023 年 7 月

目　录
CONTENTS

前　言

第一章　图书馆概览 ··· 1

第一节　图书馆的内涵 ·· 3
第二节　西方图书馆的建立与发展 ·· 14
第三节　中国图书馆的建立与发展 ·· 17
第四节　图书馆对于乡村文化振兴的作用 ································· 29

第二章　乡村文化振兴概览 ··· 35

第一节　乡村振兴战略的内涵 ·· 37
第二节　乡村文化振兴的内涵 ·· 40
第三节　乡村文化振兴瓶颈分析 ··· 67

第三章　图书馆助力乡村文化振兴的路径 ······················ 75

第一节　高校图书馆助力乡村文化振兴的路径 ·························· 77
第二节　乡村图书馆助力乡村文化振兴的路径 ·························· 86

第四章 成功实践分享 ································ 109

第一节 高校图书馆助力乡村文化振兴 ················ 111
第二节 乡村图书馆助力乡村文化振兴 ················ 118

参考文献 ·· 131

附录A 公共图书馆宣言 ··························· 136

附录B 图书馆服务宣言 ··························· 139

第一章

图书馆概览

什么是图书馆?

英、俄、法、意、德、西班牙文中的"图书馆"一词,都来源于拉丁文的"Libraria",意为藏书之所,就同中国封建时代的藏书楼一样,同一性质。但随着时代的变迁、形势的发展,"图书馆"的含义、性质有了新的变化、新的内容(张宇宏,1981)。张宇宏(1981)的看法是:图书馆是通过对书刊资料的采集、整理、保管和传递,服务于读者,是促进社会政治、经济、文化教育和科学技术发展的科学教育文化机构。

基于综合研究,笔者归纳得出:图书馆是知识的海洋,收藏着国内外不同行业的专家学者正式出版的著作、期刊论文、报刊文章、绘画作品、电子文档等信息资料,承载着不同国家、不同民族的政治、人文和历史。

本章从图书馆的内涵入手,重点对国内外图书馆的历史脉络及其在乡村振兴方面的作用等方面加以论述,为读者提供参考和借鉴。

第一节 图书馆的内涵

一、图书馆的概念

图书馆是社会记忆（通常表现为书面记录信息及文献信息）的外存传递机制，是社会知识、文化的记忆装置、扩散装置，用文献信息进行输入、编码、存储、提取和利用的机构。通俗而言，图书馆是搜集、整理、收藏图书资料，以供人阅读参考的机构，担负着保存人类文化遗产、开发信息资源、参与社会教育的职能（孙雯，2020）。

图书馆的发展具有悠久的历史，而中外图书馆的发展具有不同的特点。随着信息技术的发展，图书馆发展呈现出诸多现代化特征，表现在文献资源多元化、共享化、技术自动化、网络化、数字化，信息服务深层化、广泛化、个性化，建筑模数化、智能化、多功能化，管理人员专业化，管理手段人性化，图书馆联盟化、国际化、本土化，以及移动数字图书馆等。现代图书馆已不局限于记忆功能，其职能也在逐步扩大，部分指导着社会实践，对社会发展起着承前启后的重要作用，更是现代化程度和社会文明的一个重要标志。简而言之，古代图书馆是农业文明的产物，文献流通量小，比较封闭，以藏为主；近代图书馆则是工业文明的产物，文献藏用并重，而且以用为主；现代图书馆是信息时代的产物，由单纯的收集、整理和利用文献的比较封闭的系统发展到以传递文献为主的全面开放的信息系统。

二、图书馆的价值

（一）信息资源价值

信息资源是图书馆最重要的资源。图书馆有图书才有馆；无图书则不能称之为图书馆。中国图书馆事业并不发达，通过中国人均图书拥有量就可大致推断出中国图书馆的藏书量，远远没有达到需要零增长或者剔除的程度。现代图书馆不再只是收藏印刷书籍的藏书室，而是一个"实验室"和信息库的入口，是一个区域共同的资源中心。图书馆通过对文献信息资源进行加工整理、科学分析、综合指引，形成有秩序、有规律、源源不断的信息流，便于更加广泛地交流与传递。

（二）空间资源价值

空间资源是图书馆不可缺少的重要资源，主要是为市民打造城市第三空间，为民众提供更高质量的生活。虽然没有图书馆，民众照样可以幸福地生活，但是有了图书馆，可以使其生活更幸福，满足人民群众高品质生活需要。图书馆并不是民众的必需品，但图书馆可以提供高品质的精神产品。因此，从图书馆的价值来看，图书馆的空间资源非常重要。

（三）文化资源价值

文化资源是图书馆的重要资源，事关图书馆的能量是正能量还是负能量。图书馆是作为保护各民族文化财富的机构而存在的，它担负的保护人类文化典籍的任务是图书馆最古老的职能。一个好的图书馆一定是一个有文化的图书馆，图书馆是"天生"的文化场所，能够充分彰显文化自觉与文化自信。

（四）文化遗产价值

图书馆中的物质文化遗产体现在馆藏与馆舍两方面。图书馆所容纳"文化"的具体形态是图书、是人类智慧的结晶，毫无疑问属于文化遗产。图书馆建筑有不少已经成为文物保护单位。古代藏书楼如嘉业堂藏书楼、天一阁，近代图书楼如和顺图书馆、北京大学图书馆、清华大学图书馆、武汉大学图书馆等均已列入全国重点文物保护单位。图书馆已经不单单是关注非物质文化遗产的保护机构，更是完整意义上的文化遗产。图书馆作为文化遗产的重要意义，在于图书馆彰显着一个地区、一座城市、一所大学的历史底蕴、文化特点，是其"精神象征"。

（五）社会教育价值

现代社会，图书馆成为继续教育、终身教育的基地，担负了更多的教育职能。我们的国家性质决定了图书馆的思想政治教育作用，目的是要引导和帮助读者树立正确的世界观、人生观和价值观，打下科学理论的基础，确立正确的政治方向。图书馆通过向读者提供文献信息服务，把精神化为物质，通过馆藏的甄选、加工、集萃，向读者提供健康有益的精神食粮。图书馆为社会、为读者提供最完备的资源、场地、设备等学习条件，受教育者可以长期自由地利用图书馆进行自学。此外，图书馆还是社会文化生活中心之一，在传播文化以及活跃群众业余文化生活中具有重要的地位和作用。

三、图书馆的功能

（一）文化信息服务功能

中国公共图书馆的信息服务功能越来越重要。一方面，图书馆具有浓郁的文化氛围、良好的学习环境、丰富的信息资源等，公众可以在图书馆获取丰富的信息、增加文化知识、提升文化素养；另一方面，图书馆是公众享受文化资源的重要窗口，满足人民群众基本的文化需求，也是我国文化事业建设的核心部分之一。图书馆承担着文化传播的重要责任，促进了全民文化素养的提升，进一步推动我国公共文化服务体系的建立。

（二）书刊资源借阅功能

图书借阅是图书馆重要的功能之一。在新时代网络信息化的影响下，公众通过网络也可以获得大量信息资源，导致图书馆书刊资源借阅功能的重要性逐渐下降。但是，由于图书馆具有非营利性、专业性、系统性等优势，能够使公众获得系统的文献信息，减少查询时间，从而继续发挥书刊资源借阅功能的作用。

（三）文化交流娱乐功能

随着生活水平的提高，人们已不仅满足于物质需求，对精神生活的需求也在逐渐增加。图书馆可以为公众提供学习、工作之余的文化休闲娱乐服务，作为文化休闲阵地，举办丰富多彩的文化活动，如读书会、讲座等，满足公众的精神文化需求。

（四）文化教育培训功能

该类功能在我国图书馆目前没有真正实现，但随着时代发展，构建更加全面的公共文化服务体系刻不容缓，而图书馆的文化教育培训功能在这方面能够发挥更重要的作用。图书馆是我国公共文化服务体系构建的重要组成部分，具有深厚的文化底蕴，公众在这里能够进行专业、系统的资料查阅，丰富自身的文化内涵（欧阳菲，2022）。

四、图书馆形象的构成

图书馆形象是一种潜力要素，是隐藏在图书馆管理和活动中的一种巨大的潜在力量，它对图书馆的建设与发展起着至关重要的作用。因此，图书馆要大力塑造和保持自己在公众心目中的良好形象。图书馆形象的构成内容包括内部形象和外部形象两大部分。内部形象包括工作人员的整体素质、管理水平、技术力量与水平、独特理念等；外部形象包括物资设备形象、环境形象、文献信息资源质量形象、工作人员形象、服务形象、导引标识形象、声誉形象等。在图书馆形象管理过程中，要树立形象意识，重视形象策划；注重形象塑造，演化形象精髓；开展公关活动，打造品牌形象（金建军，2011）。

（一）图书馆内部形象

图书馆内部形象，主要指图书馆内部管理形象。它体现着一座图书馆具体的内在精神和风格，是图书馆形象的灵魂和支柱，构成图书馆内部形象的要素有以下几点（表 1.1）。

表 1.1　构成图书馆内部形象的要素

要素	释义
图书馆员整体素质	包括馆员的职称结构、文化程度、年龄结构、职业道德、服务能力等
图书馆管理水平	包括规章制度的完善及其执行，管理方式与效果，领导层对政策和各种信息的理解和掌握，领导层的决策能力和对事业的驾驭力，以及由此而形成的管理风格，图书馆工作作风和工作目标等（张秀琴 等，2006）
图书馆技术力量	图书馆的技术力量是衡量一所图书馆是否先进的重要标志之一。当代竞争的一个显著特点便是实现了从机器、设备、工具等物质层面向知识、信息、技术等精神层面的转变，图书馆的技术力量及其开发潜力正在成为图书馆形象的重要内在指标
图书馆独特理念	这是图书馆精神的集中概括，在这一理念鼓舞下，全体馆员通过各种活动创造出一种积极健康向上的独特文化氛围，它由图书馆哲学、图书馆道德、图书馆精神、图书馆价值观、图书馆风尚等构成

（二）图书馆外部形象

图书馆外部形象是图书馆活动产生的一种最直观、最直接的社会印象（表 1.2）。

表 1.2　图书馆外部形象构成

形象	释义
图书馆实体设施形象	这是图书馆最直观、最具体的形象，也是展示图书馆实力最有说服力的象征，它包括图书馆的馆舍建筑风格、设备装置、家具等
图书馆环境形象	图书馆环境形象应体现高雅的文化氛围和人文特征，它包括布局环境、装饰环境、宣传环境、安全环境、卫生环境等

续表

形象	释义
图书馆产品质量形象	信息丰富、内容新颖、类型多样、有自身特点的产品是保证用户需求的根本，也是树立图书馆良好形象的源泉，如图书馆文献资源的数量与质量对满足读者需求的程度，馆藏文献加工、整理、开发的准确度和时效性等
图书馆员形象	图书馆员形象是一种无形资产，主要包括仪表、语言、着装、服务态度、精神风貌、行为规范等
图书馆服务形象	服务是图书馆存在的根本。美国图书馆学大师谢拉说："服务，这是图书馆的基本宗旨。"图书馆要牢固树立"读者第一、服务至上"的服务理念和"以服务求支持、以创新求发展"的发展理念（李跃，2019）。强化服务意识，改善服务态度，拓宽服务思路，增加服务方式，优化服务环境，提高服务质量，使服务具有个性化、特色化、精品化、远程化和时效性，旨在塑造图书馆良好的形象（侯艳苹，2015）
图书馆形象标志	图书馆形象标志是图书馆用以象征自己特性的识别符号，实际上等于是图书馆的"商标"。这种特殊"商标"，应能体现图书馆的作用、图书馆的开拓进取精神和独特个性，是一种能给人以视觉冲击力的易懂易记、催人奋进的简洁图像标志。图书馆标志包括图形标志（象征图书馆特征的馆标或馆徽）和色形标志（包括图书馆专用信笺、馆员职业装、借书证等）
图书馆的声誉	图书馆声誉关乎图书馆形象。图书馆声誉是馆员、读者等根据所掌握的直接或间接信息对图书馆所做出的综合性评价，它反映了馆员、读者等对图书馆了解、信任与尊敬的程度。图书馆声誉有积累性、集成性、多元性、综合性、传播性、易损性等。尤其声誉的易损性值得图书馆员加以重视和反思，一个看似很小的事件就可能对图书馆的声誉带来负面影响，极大地损害图书馆的社会形象

（三）图书馆形象特征

1. 主观性与客观性的统一

图书馆在与社会各界进行物质、信息、精神文化的交流中，也必然会给人们留下印象，从而产生看法和评价，进而形成一定的图书馆形象。图书馆形象的形成是主观的，是社会公众通过自身的感受对客观事实的反映，不仅依赖于图书馆这一客观存在及其实践活动，而且依赖于社会公众这一认识主体的主观印象、综合评价，它潜存于人们的观念之中，是主客观相统一的结果（金建军，2011）。

2. 物质性与精神性的统一

图书馆形象不仅体现其实体形态，还反映其内在精神，不仅包括图书馆建筑、现代化设备、文献信息资源等有形的物质要素，而且还包括图书馆职业道德、价值观念、精神风尚、规章制度、行为规范、文化氛围等无形的精神要素。物质要素是基础和保证，精神要素是灵魂和支柱，图书馆形象是物质性与精神性的统一。

3. 内在性与外在性的统一

图书馆形象在很多情况下，是以外在形式表现出来的。比如外界往往主要通过某个馆员的言谈举止、音容笑貌、为人处世和服装仪表等外在表现，形成对他的印象，即外表形象；社会公众对一个图书馆的印象，往往也主要通过开展的各种社会活动，提供的各种社会服务等来评判。从这个角度上说，图书馆形象确实主要表现为外在形式。但没有内在素质作为根基的外在表现，是无本之木、无源之水，是不可能长期存在的；同样，违反内在素质的本性而刻意制造的外在表现，不是真正的形象，而是假象，这种假象也是不可能长久的。图书馆形象是内在素质的具体体现，又必须由外在形式表现出来，是内容与形式的统一、本质与现象的统一、内在素质与外在表现的统一。

4. 多样性与整体性的统一

图书馆形象是一个内涵丰富、外延广泛的概念，涉及图书馆各个层面，包含许多要素，它是多层次、多视角的，又是多要素构成的有机统一体，是立体的、整体的，每个要素都将影响图书馆的整体形象。图书馆形象是图书馆要素的立体组合，是多样性与整体性的统一。

5. 稳定性与变化性的统一

图书馆形象具有稳定性，主要表现为图书馆的机构、职能、制度等在一定时期内具有相对稳定性，因此，公众对图书馆的评价在一定时期内也具有相对稳定性。但图书馆的目标规模、机构、职能、体制和机制都是同一定的社会、政治、经济甚至文化观念相适应的，一旦原有观念发生巨大的变化，就要求图书馆也相应地做出变革。这种变革将会直接影响图书馆的行为与活动，从而改变图书馆在其公众心目中的印象。同时，公众对图书馆的需求也是不断变化的，公众对图书馆的形象认识除了有一定的稳定性以外，还具有不断变化的特性。因此，图书馆形象是稳定性与变化性的统一。

6. 相对性与可塑性的统一

图书馆形象是人们对图书馆这一客观存在及其实践活动的主观印象、整体认识和综合评价。其认识只能是相对的而非绝对的。因为，一方面，不同的人对同一个图书馆有不同的看法、评价，而传统习惯、偏见、沟通障碍等因素也会使人们的主观认识产生偏差、形成对图书馆片面的看法；另一方面，图书馆形象可以随条件的变化而变化，并非绝对的一成不变，其具有可塑性。图书馆可以通过优化自身因素，以适应社会需求，满足公众需要，不断改善自身形象；此外，图书馆还可通过公关活动、媒体宣传扩大图书馆形象宣传，促成社会公众对图书馆形象片面认识的改变，加深公众对图书馆形象的正确认识。

（四）当代图书馆的特点

1. 服务社会

中国国家图书馆在2009年纪念建馆100周年时，曾向全社会公开征集宣传口号，最后确定的是"传承文明，服务社会"。这8个字不仅凝聚了"百年国图"的精髓与实质，还深刻揭示了中国当代图书馆生存和发展的意义。如果用图书馆专业理论来表述的话，"传承文明"就是"存储知识"，"服务社会"就是"传播知识"；两者之间还有一个环节，即"优化知识"，就是以图书馆为主体的社会文献信息机构对人类海量的知识资源筛选过滤，进行选择性保存、整理和开发，形成优质的知识集合。"服务社会"体现了图书馆的核心价值观。这种价值观可以归纳为公益、自由、平等，包括了信息与知识自由、全面开放方针、免费服务原则、职业道德精神等。这些理念是具有世界性的，与国际趋势接轨的，不受意识形态、政治制度和国家政权等因素的影响，具有普世的价值，也是《公共图书馆宣言》等国际通行的权威文件所肯定和提倡的。

2. 传承文明

当代图书馆的另一重要社会价值就是"传承文明"。"传承文明"与"服务社会"是互为因果的:"传承文明"是"服务社会"的前提和基础;"服务社会"是"传承文明"的目标和归宿。图书馆要为国家、民族、人类积累文明,守护文明,传播文明,为提高民族素质、推动社会进步提供服务。图书馆之所以能够发挥这样的社会功用,皆由于它拥有独特的资源——图书馆藏书。藏书是图书馆的"独门利器",人类文明赖此而传承,阅读社会赖此而建立,知识平台赖此而支撑。

3. 全民阅读

阅读是当今重要的社会现象和时代特征,或者说当今的社会是阅读的时代。随着时代的发展、社会的进步,以及各种新技术在阅读领域的应用,阅读的概念越来越宽泛,阅读的内涵和外延日益在扩大。因之我们可以称之为"大阅读"时代,也就是通常所说的"全民阅读时代"(李晓强,2022)。全民阅读是有其特定的含义和时代特点的。

一般说来,当今的全民阅读有如表 1.3 所示几个特征。

表 1.3　全民阅读的主要特征

主要特征	释义
动用国家和政府的力量,促进社会阅读活动	在国外包括一些有广泛影响力的非政府组织,在中国也包括一些身居高位的领导人的号召
具备制度的保证	在国外,主要指制定相关的法律法规,在中国有政府的"红头文件",以及其他公认有效的成文的制度
具有社会联动作用	全民阅读不限于小范围、小团体,或某个单位、某个行业,而是具有社会整体性的联合行动
形成全社会范围的影响力	其效果是长久的、全社会的,而不是一时一地的(吴晞,2015)

全民阅读不是自古就有的,而是时代的产物。我国的全民阅读始于 20 世纪末期,与世界潮流基本同步。其标志就是中央宣传部在 1997 年 1 月印发了《关于在全国组织实施"知识工程"的通知》,可谓声势浩大,各界动员,发动了一场以倡导读书、传播知识、推动社会文明与进步为目的的文化系统工程。全民阅读推广活动是我国精神文明建设的重要举措之一。开展全民阅读活动有利于提高国民阅读意愿,培养国民阅读习惯,营造积极的阅读文化氛围(李瑞欢,2019)。

1995年,联合国教科文组织(United Nations Educational, Scientific and Cultural Organization, UNESCO)宣布每年的4月23日为"世界读书日",以此鼓励全球的阅读风气和习惯,引导人们去发现阅读的乐趣。中国图书馆界于1997年开始推动社会阅读,至今已走过二十多个年头,社会阅读的发展在国内影响深远,在宏观、中观、微观三个层面都达成了显著共识——"开展全民阅读、建设书香中国"(钱亚君,2016)。

4. 阅读推广

既然全民阅读离不开图书馆,那么图书馆如何推进全民阅读呢?其主要方式就是进行阅读推广。这种基于全民阅读的阅读推广工作,是图书馆的一项带有根本性的任务,体现了其一贯的指导方针,带有根本精神、宗旨圭臬的性质。

从图书馆历史,尤其是公共图书馆的历史看,阅读推广活动的出现与普及,是图书馆发展到一定层次、一定水平的产物。纵观中国百年来图书馆的发展,可以说经历了三个历史阶段:一是从封闭到开放,二是从对部分人开放到对全社会普遍开放,三是从被动地提供服务到主动地推广服务(严峰,2014)。这个过程漫长而艰难,可以说,直到进入21世纪以后,我国公共图书馆才大体完成了前两个阶段的使命,亦即基本实现了对全社会普遍、均等、免费开放。现在正在迈向第三个阶段,亦即进入了大力开展阅读活动、向全社会主动推送图书馆服务的新时期。

因此,今天的图书馆阅读推广工作,在某种程度上也是历史发展之必然,是图书馆发展的历史趋势。从图书馆服务和历史发展的角度看,可以分为三个不同的阶段:一是文献服务,即传统的图书馆服务,如外借、阅览;二是信息服务,如参考咨询、信息检索等;三是阅读推广,表现为开展多种多样的读书活动。阅读推广可以说是集文献服务和信息服务之大成,通过多种多样的活动和手段将文献服务和信息服务送达读者身边。可以说,阅读推广是图书馆服务的新趋势,也是服务工作的新方向。

根据前人的研究归纳,公共图书馆在阅读推广工作中要做的,主要有以下内容，或者说要实现如表 1.4 所示的目标。

表 1.4　公共图书馆在阅读推广中的角色定位（吴晞，2016）

目标定位	释义
引导	对于缺乏阅读意愿的人，公共图书馆通过生动有趣的阅读推广活动，引导他们感受阅读的魅力、享受阅读的乐趣，并逐步形成阅读的意愿
训练	公共图书馆的服务对象中存在许多有阅读意愿而不善于阅读的人，包括尚未学会阅读的人，如少年儿童、青年学生，还有因各种原因成人后失去继续学习机会的人。图书馆阅读推广可以训练他们，使他们学会阅读
帮助	公共图书馆的服务对象中还存在阅读困难人群，也称图书馆服务的特殊人群。对公共图书馆来说，此类特殊人群包括残障人士、阅读障碍症患者等；对学校图书馆来说，主要是那些缺乏阅读知识和辨别能力的低年级学生。图书馆需要对他们提供阅读帮助，阅读推广服务是最好的帮助
服务	传统图书馆服务目标人群的主体是具有较好阅读能力的人，即所谓高层次读者。图书馆阅读推广活动为他们提供阅读的便利，丰富了为他们服务的方式。对于学校图书馆来说，除了专业阅读之外，还要引导学生了解和学习专业之外的知识，丰富他们的阅读视野，拓展他们的知识范畴

5. 数字阅读

图书馆信息资源逐渐向数字化转变。新时代拥有如 5G、多媒体、人工智能、网络信息化等高新技术，通过利用新技术，图书馆对信息资源的收集、管理等方式均发生了很大变化。图书馆已不仅用于储藏纸质文本性资料，而且还用于储藏数字化文献资料，使图书馆的信息资源得到了巨大扩充。海量的数字化信息资源，对图书馆的管理水平也将产生很大影响，需要利用智能化技术对这些丰富的信息资源进行整合，逐渐向标准化、规范化发展（欧阳菲，2022）。

数字文献和数字阅读是未来发展的趋势，也是图书馆发展的趋势，这个趋势不可改变（王万起 等，2012）。电子图书、数字阅读一定会取代传统的阅读方式，数字阅读的时代正在到来，这是世界性的趋势（杨帅 等，2013）。2022 年，我国数字阅读用户规模达 5.3 亿，同比增长 4.75%，用户规模带动市场繁荣发展。2022 年中国数字阅读平台上架作品总量持续增长，达 5271.86 万部，较 2021 年的 3446.86 万部增长 52.95%。其中网络文学作品量约 3458.84 万部，电子书作品量 206.92 万部，相较 2021 年增长率分别为 7.93% 和 14.61%（赵媛，2023）。

第二节
西方图书馆的建立与发展

西方图书馆的历史悠久，源远流长。

早在公元前4000年左右，美索不达米亚平原就有了大量的文献收藏，当时的文献形态主要是书写在泥版上的楔形文字，称"泥版文书"（黄晓新，2021）。亚述帝国时期规模宏大的尼尼微图书馆，已被考古发掘所证实。同样历史久远的还有古埃及的图书馆，其收藏主要是纸莎草、皮革等为载体的文献。及至古希腊和古罗马时期，图书馆已经普及，亚里士多德的学园图书馆名噪一时，著名的亚历山大图书馆兴盛了几百年之久，甚至在雅典、罗马等大城市中还出现了对部分市民实行某种程度开放的公共图书馆。

西方图书馆的历史虽然长久，但西方古代及中世纪的图书馆与我们今天意义上的现代图书馆有重大差异，其中公共图书馆及其理念的出现是重大的分野和标志。

尽管"公共图书馆"这一名称在西方古代文明中早已出现，但真正意义上的公共图书馆只能出现于现代社会，是社会发展到一定阶段的产物。此前，所有的图书馆，包括一些冠之以公共图书馆名义的图书馆，都有特定的服务对象，或是皇家成员、达官贵胄，或是神职人员、学院师生，或是有特定身份的市民，而非社会所有成员。新型公共图书馆的产生实际上是社会民主、公民权利、社会平等和信息公正等现代人文意识成熟的结果，也是历史发展到一定阶段才有的产物。19世纪中期的英国首先具备了这样的社会条件。1852年，英国曼彻斯特公共图书馆成立。曼彻斯特公共图书馆是世界上首座现代意义上的公共图书馆，它的问世是公共图书馆诞生的标志，也是西方现代图书馆的历史起点。

当时英国有一位名叫爱德华·爱德华兹（Edward Edwards）的图书馆员，被后世称为现代公共图书馆的理论奠基人和先行者。爱德华兹以毕生之力，为倡导和实现公共图书馆的理想而不懈奋斗。在他的努力下，英国下议院于1850年通过了一个法案，授权地方议会为免费图书馆征税。这就是人们常说的世界第一部公共图书馆法，它标志着公共图书馆制度的正式确立。曼彻斯特公共图书馆就是依照此法率先建立的，爱德华兹出任了首任馆长。因此可以说，公共图书馆是在近现代公民社会建立的过程中应运而生的。

曼彻斯特公共图书馆的诞生，在当时并不是轰动一时的事件，除了大文豪狄更斯（Charles John Huffam Dickens）参加了曼彻斯特公共图书馆开幕式还做了演讲，其他并没有多少引人注目的地方。但是爱德华兹和曼彻斯特公共图书馆为后世留下了有关公共图书馆的基本精神和制度，可以归纳为：依据政府立法建立、公费支持、免费服务，以及对社会成员无区别服务。这些理念堪称经典，为其后各国公共图书馆的建立以及后来《公共图书馆宣言》的产生，奠定了基本的精神内核。

在曼彻斯特公共图书馆问世之后，亦即19世纪后期至20世纪初期，欧美各国公共图书馆迅速兴起。这一时期，仅美国"钢铁大王"安德鲁·卡内基（Andrew Carnegie）就在美国、加拿大、英国捐办了2500余座公共图书馆，揭开了西方尤其是美国现代图书馆发展史上极为波澜壮阔的一幕。

继爱德华兹之后，诸多知名图书馆学家和图书馆专业工作者，如杜威（John Dewey）、普尔（William Frederick Poole）、谢拉（J. H. Shera）等，均对现代图书馆的理论和制度做出过深入的阐述。美国图书馆协会（American Library Association，ALA）发布了《图书馆权利宣言》(*The Library Bill of Rights*)（1939年），使得现代公共图书馆的理念日渐深入人心，逐渐成为世界各国人民所普遍接受的普世通则。1948年，联合国大会通过并发布了著名的《世界人权宣言》(*Universal Declaration of Human Rights*)，其中关于人人享有信息自由权利的主张，直接催生了《公共图书馆宣言》。

1949年，联合国教科文组织通过了《公共图书馆宣言》（见附录A），正式表达了世界文化知识界和图书馆界对公共图书馆的基本立场。

概括起来，《公共图书馆宣言》重点向世人阐明了三个观念，见表1.5。

表1.5 公共图书馆的三个观念

观念一	公共图书馆是现代民主政治的产物，也是民主制度的保障和民主信念的典范
观念二	要立法保障公共图书馆事业发展，完全或主要由公费支持
观念三	对社区所有成员实行平等的服务，全部免费开放

《公共图书馆宣言》在1972年和1994年又做了两次修订，内容虽然有所补充订正，但其主要精神是一以贯之的。现在通行的为1994年版，其正式名称为《国际图书馆协会联合会/联合国教科文组织：公共图书馆宣言（1994）》（IFLA/UNESCO: Public Library Manifesto [1994]）。《公共图书馆宣言》的问世，是世界图书馆发展史上的重大事件。它既是有关公共图书馆思想理论的集大成者，又是指导现代图书馆建设的利器，对世界各国公共图书馆的发展起到了重要的推动和指导作用。

自1996年国际图书馆协会联合会（简称国际图联）（International Federation of Library Associations and Institutions，IFLA）第62届大会在北京召开之后，《公共图书馆宣言》开始为国内图书馆界及社会各界所认识，并广为传播。进入21世纪后，我国图书馆业内的理论研究者对《公共图书馆宣言》给予了极大的关注，撰写了大量的研究、介绍文章。一些地方的公共图书馆及其管理部门也突破桎梏，勇于践行，有力地推动了全国公共图书馆的建设和改革。在许多重大问题上，如唤醒民众的图书馆权利意识、倡导公共图书馆的基本精神、明确各级政府对公共图书馆的责任等方面，近年来均取得了突破性的进展。《公共图书馆宣言》的诸多理念，如公益、均等、免费等，已经由学界的呼吁和部分公共图书馆的实践转化成为国家的既定政策。

第三节 中国图书馆的建立与发展

一、古代图书馆

（一）古代图书馆的历史

中国的文字很早就已起源，文字的创造为古代典籍的出现提供了条件。甲骨文是具有严密文字规律的古代文字。早在公元前 11 世纪到公元前 8 世纪，处于奴隶制社会的商、周王朝，已有担任文化事务的史官和宗教事务的卜、贞人。他们把占卜时间、占卜者姓名、占卜的结果等卜辞刻于甲骨上，形成早期的文献（王吟，2007）。考古发现与文献记载都能够阐明商朝已经存在有记录史事的典、册，有文献并且还有专门的史官进行管理。史官有针对性地进行收集、积累、整理和保管这些文献，形成古代典籍收藏的雏形。

（二）古代图书馆的机构

中国有十分悠久的图书馆历史，但是刚开始并不称为"图书馆"。古代的图书馆名称很多，如：府（西周的故府、盟府）、宫（秦的阿房宫）、阁（两汉的石渠阁）、观（东汉的东观）、殿（隋朝的观文殿）、院（宋朝的崇文院）、斋（清朝的知不足斋）、堂（明朝的澹生堂）、楼等。先秦文献记载有天府、盟府、策府和室、藏室、周室等的称呼。

二、传教士与基督教图书馆

在中国,率先跨越旧式藏书楼窠臼的新型图书馆,是西方传教士所创办的基督教图书馆。

成立于 1600 年的南堂图书馆是中国境内第一个颇具规模的基督教图书馆。因此,金尼阁在其名著《基督教远征中国记》中曾称:"在中国成立了名副其实的教廷图书馆。"这里需要说明,当时并无"图书馆"之称,"教廷图书馆"是后人翻译时所用的。

在明末清初时期,中国的基督教书库得到了进一步的发展,在京城建立了有名的"四堂"书库,即天主教堂南堂书库、东堂书库、北堂书库和西堂书库(表 1.6)。

表 1.6 中国在明末清初时期的基督教图书馆

图书馆名称	简介
南堂图书馆	南堂是葡萄牙耶稣会的教堂,建于明万历二十八年(1600 年),其创始人是利玛窦。利玛窦以介绍西学为主要传教方法,所以在南堂积累了大量的宗教和科学书籍。其去世后,南堂得到教皇保罗五世赠送的大批图书,内容有神学、哲学、法学、数学、物理和其他西方科学。清代南堂的索主教和汤主教都是图书收藏家,曾为南堂的收藏增色不少。18 世纪末,中国的耶稣会奉教皇之令解散,各地天主堂的藏书都集中于南堂收藏。道光十八年(1838 年)南堂的书籍移至北京的俄罗斯修道院
东堂图书馆	东堂亦是葡萄牙耶稣会的教堂,是顺治七年(1650 年)皇帝所赐建。当时著述较多的传教士,如汤若望、南怀仁等,都居住于东堂,因此他们的著作和参考书也在其中,图书的收藏十分丰富。后因战乱,东堂被焚,烬余残存者只有数册而已
北堂图书馆	北堂属法国耶稣会,是康熙三十九年(1700 年)皇帝拨地拨款所建。北堂的藏书在当时数量最多,也最有价值,欧洲各研究院和皇家科学院都曾赠送给北堂大量的学术著作,甚至连当时的英国国王与政治要员,都在北堂收藏大量藏书。自嘉庆时期起,北堂渐渐没落,清廷旋以八千二百两白银的价格卖掉北堂。当时幸有一名英国牧师薛司锋,将北堂的藏书及其他贵重物品转移到城外,后又运往张家口外的西湾子。直至同治五年(1866 年),这批图书才几经周折运回北京,但大部分已毁坏流失
西堂图书馆	西堂是耶稣会以外传教士们的寓所,创建于雍正三年(1725 年)。西堂藏书的基础是教廷专使来华时携带的一大批书籍,以及主教和方济各会士们的遗书。嘉庆年间,清廷驱逐教士离境,西堂藏书迁至南堂

后来的西什库天主教堂(即北堂)图书馆便是汇合了南、东、北、西四堂的藏书而成的。据 1938 年的整理统计,北堂图书馆有西文书 5000 余册,中文书约 80000 册,其中有很多稀世珍本,如西方 15、16 世纪出版的图书,教士与中国基

督徒早期翻译的西方名著，宋、明版刊本及抄本，清帝御赐本，方志，武英殿聚珍版图书等。

三、西方图书馆学在中国的传播

中国近现代的图书馆学，实际上继承了两个传统：一是中国本土文化具有几千年传统的文献学，或称目录学、校雠学、治书学；二是西方传入的近现代图书馆学。后者是中国现代图书馆学的发展主流（吴晞，2020）。

西方现代图书馆产生于 19 世纪中叶的英国，以曼彻斯特公共图书馆的建立为标志，出现了以立法支持为基础、以公共资金为支持、对市民完全免费开放的公共图书馆（王宏鑫 等，2010）。从此，图书馆发展的理论支撑从古代社会的"保存人类文化遗产"，上升为"保障公民的信息获取权利"。

19 世纪后半叶，图书馆事业发展和图书馆学研究的重心转移到了美国。1887 年，以美国哥伦比亚大学图书馆管理学校（School of Library Economy at Columbia University）的建立为标志，出现了正式的图书馆学教育制度。图书馆活动从一种社会"职业"向一种科学"专业"过渡，或者说从"工作"变成了"学问"，这个"专业"或"学问"就是图书馆学。

美国图书馆事业的发达，很大程度上得益于卡内基财团的资助。卡内基（Andrew Carnegie，1835—1919 年）人称"钢铁大王"，他将自己巨额财富的 90% 用于慈善公益事业，其中一大部分捐赠给图书馆。1876—1923 年，卡内基财团捐出 5600 多万美元的巨款，在世界各地修建了 2500 多所图书馆，其中大部分是美国的公共图书馆。美国的图书馆事业由此而形成规模，图书馆事业飞速发展，文献量迅速增长，读者服务规模急剧扩大，迫切呼唤与之相适应的新理论和新学科。

现代图书馆学的创始人是杜威（M. Dewey，1851—1931 年）。1873 年，杜威创建了《杜威十进分类法》，奠定了他的现代图书馆学创始人地位。《杜威十进分类法》后来成了世界上最多图书馆使用的现代分类法。除了《杜威十进分类法》，杜威还创造了图书馆学史上的多个第一：发起成立了世界上第一个图书专业协会——美国图书馆协会;创建了世界上第一个正规的图书馆学教育机构——哥伦比亚大学图书馆管理学校;创办了世界上第一份图书馆学刊物——《美国图书馆杂志》。此外,杜威还出任过哥伦比亚大学图书馆长、纽约州立公共图书馆馆长等重要职务。因此杜威享有"现代图书馆事业之父"的美誉。与杜威同时的还有一批杰出的美国图书馆学家,他们共同创立和完善了以实用主义为特征的经验图书馆学。中国的图书馆学者受这一学派的影响最大,也最为直接,形成了注重实际效应的中国图书馆学特征。

1928 年,芝加哥大学成立了一所具有博士学位的图书馆学院(The Graduate Library School at the University of Chicago,GLS)。GLS 的学风和理论追求,影响了整整一代图书馆学家,被后人称为"芝加哥学派"。芝加哥学派是一个前后默契的学术集体,其影响力长达半个世纪,代表人物是巴特勒(P. Butler,1886—1953 年)和他的学生谢拉(J. H. Shera,1903—1982 年)。GLS 以及芝加哥学派致力于发展具有高度理性的图书馆学知识体系,从历史、文化和社会的角度思考图书馆生存的哲学问题,同时也以社会科学中的实证方法或思辨方法研究图书馆问题,并以此挑战经验图书馆学。这是 20 世纪图书馆学最为重要的变革,即理性主义的兴起。

在 20 世纪 60 年代之前,芝加哥学派无疑是美国图书馆学最有影响力的学术中心。这种状况一直延续到 20 世纪下半叶,图书馆及图书馆学受到情报学、信息技术及数字图书馆大潮的冲击之时,才发生重大变革。自杜威以来,现代图书馆学一直是美国学者的天下,只有印度的阮冈纳赞成为在世界图书馆界具有广泛影响的图书馆学家。

这些西方的图书馆学理论及图书馆方法技术,传入中国的"知识输入期"是 20 世纪 20 年代,这也是中国图书馆学的建立时期。其标志性事件主要有以下三点。

其一,1920 年,韦棣华女士仿照美国图书馆学教育模式,在武昌文华大学创办了中国第一所独立的图书馆学教育机构——文华图书馆学专科学校(Boone Library School)。从此中国有了专门的图书馆学教育学校。

其二,20 世纪 20 年代前后,沈祖荣、胡庆生、戴志骞、徐燮元、杜定友、洪有丰、刘国钧等一批接受西方(主要是美国)图书馆学教育的留学生陆续回国,在国内掀起图书馆学宣传、教育、研究活动。

其三，1923 年，杨昭悊的《图书馆学》一书，由商务印书馆分上下册正式出版。该书是中国第一部以"图书馆学"为名的著作，内容虽多取日、美两国图书馆之法，却是一部开先河之作。

据学者研究，中国图书馆界在接受西方图书馆学过程中，有表 1.7 所示的特点。

表 1.7　中国图书馆界在接受西方图书馆学过程中的特点

主要特点	释义
由"取法日本"转而追逐美国	近代史上一批维新变法人士和启蒙学者大多有留学或流亡日本的经历，如梁启超、罗振玉、王国维、李大钊等，他们向国人宣传介绍的多是日本的图书馆和图书馆学。美国是现代图书馆学的发源地，也是图书馆事业最发达的国家。民国初年，沈祖荣、戴志骞、刘国钧等开始介绍美国图书馆与图书馆学，使美国图书馆思想在中国传播开来（周登宇，2022）
理论研究与事业发展同步	从新图书馆运动开始，中国的图书馆学就重视理论研究与事业发展相互促进。图书馆的学者奔赴各地演讲，宣传新的图书馆观念，促成新型图书馆大量涌现。学者们对新的分类、编目等图书馆技术方法的研究，促进了图书馆工作水平的提高。图书馆学教育的兴起，为全国图书馆事业发展输送了大量新型的专业人才
学习与创新并重	中华图书馆协会成立之时，协会第一任董事长梁启超就在演说中提出"建设中国图书馆学"的任务。而后几十年，中国的图书馆学基本上是按照梁启超的思路发展的。沈祖荣、胡庆生编制的《仿杜威书目十类法》是第一个专为中文图书所使用的新型分类法。此后，杜定友、刘国钧、皮高品、王云五等，也分别编制鸟类分类中文文献的新式分类法。在编目领域，杜定友出版了《著者号码编制法》，刘国钧发表了《中文图书编目条例草案》，这些都是应用图书馆学领域突破性的进展
基础理论与应用研究并重	在清末民初的新型图书馆产生时期，"睁眼看世界"的启蒙者多注重宣传新型图书馆的观念、职能、社会功能和在全民教育中的作用等"形而上"的理论内容。但图书馆学是一门应用学科，应用研究占有很大比重，图书馆学的发展也更多地体现在应用研究上。新图书馆运动以来，除上文中提到的分类、编目领域的应用型研究成果外，在图书馆管理和读者研究上，也产生了许多重要成果，如朱元善的《图书馆管理法》（1917年）、杜定友的《图书馆管理学》（1932 年）等

四、图书馆现代化之路

中国图书馆从 1949 年至今仍在延展的历史，一般统称为现代或当代图书馆史。细究起来，以公元 2000 年前后为界，此前为现代图书馆史，此后为当代图书馆史，似更为精确妥当，更便于阐述，也符合史学界惯用的提法。图书馆的历史发展，既是中国现当代"大历史"的组成部分，又有其固有的特点和规律。参照当代学者的研究成果，以公共图书馆为主线，这里将20世纪下半叶以来中国图书馆的发展大致分为5个阶段，分别加以简要介绍（吴晞，2020）。

（一）第一阶段（1949—1957年）

1949年中华人民共和国成立后，国民经济得到恢复，工业化进程加快，人民生活水平提高，图书馆事业也进入恢复和建设的新阶段。

第一个五年计划提出的图书馆建设方针是："提高质量，全面规划，加强领导，又多、又快、又好、又省地发展图书馆事业。"1955年出台了《文化部关于加强与改进公共图书馆工作的指示》，1956年发布了《中华人民共和国高等学校图书馆试行条例草案》，使全国图书馆事业走上了有计划发展的道路。公共图书馆数量从1952年的83所增加到1957年的400所。"为工农兵服务"和"向科学进军"是这一阶段图书馆界最为响亮的两个口号。图书馆普遍推行"开门办馆""普及为主，普及与提高相结合"的方针，并为科研工作创造条件，建立文献保障。

1957年国务院印发的《全国图书协调方案》，就是"向科学进军"的产物，在我国图书馆史上具有里程碑式的意义。方案中的有关规定，如在国务院科学规划委员会下设图书小组来统筹规划、安排全国图书工作，在北京、上海建立中心图书馆委员会，编制全国图书联合目录等，至今仍有积极意义。可惜的是，方案中的措施大多未能真正贯彻执行。

（二）第二阶段（1958—1977年）

从1957年"反右斗争"和1958年"大跃进"开始，直至"文化大革命"结束，在此阶段，图书馆也因此受到一定冲击，办馆方针部分偏离了图书馆的功能。这一阶段，公共图书馆业务受到一定影响。大批藏书被封存甚至销毁，《杜威十进分类法》《美国国会图书馆分类法》《中国图书十进分类法》都被禁用。值得注意的是，在"文化大革命"后期，局面稍有好转，广大图书馆工作者在极其困难的情况下开展工作，取得了一些成就。

1971年，北京图书馆（今中国国家图书馆）牵头，联合全国30多家图书馆，在20世纪50年代编制的《大型图书馆图书分类法》的基础上，开始了《中国图书馆图书分类法》的编制工作。1975年，此书正式出版。尽管由于当时特定的历史背景，这部分类法受到极左思想影响，存在很多不足，但仍不失为难得的重要业务成果。

1974年，随着"汉字信息处理系统工程"（即"748工程"）启动，《汉语主题词表》作为"748工程"的配套项目被提出。由中国科技情报所、北京图书馆牵头，负责《汉语主题词表》的编辑工作，前后历经4年，于1979年出版了适用本，1980年正式出版第一版。

尤其值得一提的是图书馆自动化研究开始起步，着手进行机读目录（Machine-Readable Cataloging, MARC）的研制。北京大学刘国钧教授于1970年开始系统研究美国国会图书馆MARC，1975年发表了《"马尔克"计划简介——兼论图书馆引进电子计算机问题》一文，首次较全面地介绍了美国图书馆研发MARC和应用电子计算机的情况。后来刘国钧又编写成《马尔克款式说明书资料汇译》，对推动图书馆编目工作的自动化产生了深远影响。

（三）第三阶段（1978—1991年）

1976年，历时十年的"文化大革命"结束。1978年，中共十一届三中全会确立了改革开放的基本国策，标志着中国进入了以改革开放和经济体制改革为指导方针的历史新时期。我国的图书馆事业也从停滞中恢复，通过一系列的拨乱反正措施，开始了从传统图书馆向现代化图书馆的转变。这一阶段的图书馆理论研究和业务工作都有了很大进展，在书目著录、文献分类、主题标引等主要业务领域制定了多项国家标准。现代化新技术，尤其是电子计算机技术开始在图书馆应用，开始了图书馆自动化的新阶段。

图书馆学教育也在全国范围兴起。一系列重要的纲领性文件均在这一阶段产生，按照时间顺序主要有：1980年中央书记处通过的《图书馆工作汇报提纲》，1981年教育部发布的《中华人民共和国高等学校图书馆工作条例》，1982年文化部发布的《省（市、自治区）图书馆工作条例》，1987年中宣部、文化部等四个部门联合发布的《关于改进和加强图书馆工作的报告》。其中《图书馆工作汇报提纲》是全国图书馆工作的指导性文件,是在2018年1月1日《中华人民共和国公共图书馆法》实施之前,我国唯一的国家级图书馆政策,标志着我国图书馆事业步入一个新的繁荣发展阶段(赛青,2016)。

1979年,中国图书馆学会成立,各省(区、市)图书馆学会也相继成立,随之开展了各类图书馆学术活动,专业人员参加重要的国际会议。1981年开始施行图书馆专业技术职称制度。依据文化部、国家档案局、国家人事局拟定的《图书、档案、资料专业干部业务职称暂行规定》,图书馆业务人员职称定为研究馆员、副研究馆员、馆员、助理馆员、管理员五个等级。

图书馆自动化建设飞速发展,建成了一批集成管理系统。其中深圳图书馆联合全国各家图书馆研制的"图书馆自动化集成系统"(Integrated Library Automation System, ILAS)是国内用户最多、推广面最广、实用性最强的系统。据统计,1980—1990年,县级以上公共图书馆的数量从1732所增加到2537所,藏书量从19904万册增加到29064万册,馆舍面积从92万平方米增加到326万平方米,购书经费从2273万元增加到8474万元。

(四)第四阶段(1992—2005年)

1992年我国开始确立社会主义市场经济方针,步入了市场经济时代。经济建设成为这一时期的"头等大事"。这一阶段中国图书馆发展的最大特点有两个:一方面图书馆事业快速发展繁荣,馆舍、设备条件得到极大改善,自动化、数字化建设显露峥嵘;另一方面全国广大图书馆尤其是公共图书馆办馆方针上乱象丛生,理论导向迷失。

该阶段的图书馆事业发展迅速,一大批图书馆新馆舍上马。依然以公共图书馆为例,1990—2005年,县级以上公共图书馆的数量从2537所增加到2762所,藏书量从29064万册增加到48056万册,馆舍面积从326万平方米增加到677万平方米,购书经费从8474万元增加到59781万元。从国家层面讲,1996年在北京举办了第62届国际图联大会,推出了"知识工程"、高校图书馆评估、公共图书馆评估定级等一系列举措。1999年，启动了中国高等教育文献保障体系。

这一阶段信息技术在全球范围高度发展，为图书馆的进步和转型提供了技术基础。同时，信息服务业也迅速崛起，信息市场逐步形成。中国图书馆的自动化系统得到进一步开发和升级，网络化建设、数据库建设、国际联机检索、数字图书馆建设等，都得到飞跃式的发展。多个重大项目相继上马，如国家教委"数字图书馆技术研究"，国家计委、文化部"中国实验性数字图书馆项目"，国家科委"数字图书馆示范系统"等。

与此同时，由于市场经济冲击，图书馆界出现一些不良现象。表现有二：一是"有偿服务"，二是"区别服务"，致使图书馆办馆方针出现偏差。"有偿服务"就是服务收费，也称之为"以文养文""经营创收""图书馆产业化"等。此举抹杀了图书馆的根本特质——公益性。"区别服务"的本意是因材施教，有针对性地对不同读者服务，但在执行中往往成了"确保重点"和变相收费的借口，排斥广大普通读者，侵害了民众平等地享用图书馆的权利。

图书馆的这些做法，也是有国家政策为依据的。1987年2月，文化部、财政部、国家工商管理局联合发出《文化事业单位开展有偿服务经营活动的暂行办法》，肯定了开展有偿服务"以文补文"方式在"补充文化事业单位的经费不足"方面的积极作用，提出文化事业单位除了开展有偿服务外，还可以开展其他经营活动（陈鸣，2006）。同年10月，中宣部、文化部、国家教委、中国科学院《关于改进和加强图书馆工作的报告》也指出："在国家政策、法令规定的范围内，结合图书馆自身的条件，本着更好地为社会服务的原则，开展一些必要的、合理的有偿服务，对于搞活图书馆工作，补充图书馆事业经费不足，发挥图书馆工作者的积极性是完全必要的。"这两份文件为公共图书馆开展有偿服务提供了政策依据。

（五）第五阶段（2006年至今）

中国图书馆事业大繁荣大发展的局面，在2005—2006年达到高潮。据统计，至2012年，全国公共图书馆数量已达3076所，建筑面积1058.42万平方米，文献总藏量 78852 万册 / 件，财政拨款 934890 万元，购书经费 141253 万元。这样的发展规模，不仅是多年前难以想象的，也超过了许多发达国家。

图书馆立法工作列入日程。早在 1996 年，深圳就完成了《深圳经济特区公共图书馆管理条例》的地方性法规，同年上海制定了《上海市公共图书馆管理办法》地方行政规章。2001 年，文化部组织启动了《中华人民共和国图书馆法》编制项目。2005 年，确定先启动《中华人民共和国公共图书馆法》的编制工作。经过长期调研和论证，于 2018 年 1 月正式实施。

2006 年，中国图书馆学会组织了"志愿者行动"，对县级图书馆管理者为主的基层图书馆工作者进行专业培训。

进入 21 世纪以来，中国图书馆界取得的最大成就和发生的最大变化主要有两个：一是以信息技术（IT）为代表的新技术大量进入图书馆领域，给中国图书馆业务和服务带来了全新的变化；二是中国图书馆思想上拨乱反正，在推动和发扬图书馆精神尤其是公共图书馆精神上迈出全新的一步。这两项成就标志着中国图书馆进入了现代化的新阶段。

这一阶段的图书馆自动化、数字化水平得到全面提高。"中国数字图书馆工程""全国文化信息资源共享工程"相继上马，并取得显著成效。基于网络系统的深圳图书馆 ⅡAS 新系统行销国内外 4000 多家图书馆，其他各具特色的系统也大量涌现。与此同时，一些大型图书馆还引进了国外系统，如以色列 ExLibris 公司的 Aleph500、美国 SIRSI 公司的 UNICON、美国 Epixtech 公司的 HORIZON 等。许多新技术手段得到应用，主要有 web2.0、移动图书馆、云服务、射频识别（RFID）等。一些综合性创新产品出现，如深圳图书馆研制的"城市街区自助图书馆"就是应用了 RFID、移动通信、网络服务、机械传动等技术的成果，该产品获文化部 2009 年度首届"创新奖"。

更为重要的是，在图书馆界诸多有识之士的发起下，从学术理论到图书馆实践，实现了图书馆办馆思想方针的理性复归，并逐步与国际化进行接轨。这一阶段的标志性起点，是 2006 年杭州图书馆、深圳图书馆新馆相继开馆，宣布实行全面免费服务。深圳图书馆还旗帜鲜明地打出了"开放、平等、免费"的旗号。理论思想上的突破，集中反映在湖南《图书馆》杂志于 2005—2007 年创办的 "21 世纪新图书馆运动" 栏目上，以及诸多理论研究者和图书馆工作者的大量著述和实践成果。

思想理论导向的主要社会成果体现为两个文件的面世：一是 2008 年发布的《图书馆服务宣言》，二是 2011 年文化部、财政部发布的《关于推进全国美术馆、公共图书馆、文化馆（站）免费开放工作的意见》。

2008 年 10 月，中国图书馆学会发布了《图书馆服务宣言》。这是中国图书馆人历史上第一次向世人表达了现代图书馆的理念，在业界内外引起很大反响。这一文件虽然名为"服务宣言"，但其思想内涵远远超越了图书馆服务工作的范畴，宣示了公共与公益、平等与自由、共享与合作、人文关怀等图书馆核心价值观和职业精神，也体现了图书馆界对根本性指导思想和办馆方针的认同和共识。

2011 年 2 月，文化部、财政部印发了《关于推进全国美术馆、公共图书馆、文化馆（站）免费开放工作的意见》，文件明确提出了图书馆保障公益、免费开放的要求。从此，全国图书馆，尤其是公共图书馆，进入了全面免费的时代。

在公共图书馆理性回归的基础上，各地开始尝试构建公共图书馆服务体系。所谓公共图书馆服务体系，主要指一个地区的公共图书馆以普遍均等服务、实现信息公平为目标，以合作的方式提供图书馆服务，主要方式有：建立各层级的公共图书馆，包括乡镇/街道、社区/乡村的图书馆；建立图书馆总分馆体系；建设区域性服务网络。

五、我国图书馆的现状

近年来，我国图书馆事业获得了迅速的发展（李伟，2017）。

（一）公共图书馆

我国现拥有县级以上的公共图书馆 2767 所。有 86% 的县均建立了公共图书馆。国内的 31 个省（区、市）公共图书馆均有 2/3 以上新建的或扩建的图书馆，其建筑面积在 20000~40000 平方米。

（二）高等院校图书馆

我国现有高校图书馆已经达到1270多所，而且还不包括各类的技校图书馆、中专图书馆、成人高校、军事院校图书馆和各级党校图书馆。这些图书馆也都有着长期的发展与进步。

（三）专业和科学图书馆

专业和科学图书馆主要指中国社会科学院系统的图书馆，中国科学院、国家一级总公司下属的研究院所所属的专业图书馆或情报所、各部委研究院所所属的图书馆，中央国家机关所属的图书馆。这类的图书馆现在有10000所左右。

（四）少数民族图书馆

我国少数民族图书馆得到了前所未有的发展，少数民族地区已经建成公共图书馆596所，占全国2767所公共图书馆的22%。

（五）基层图书馆

基层图书馆指的是社区图书馆、城市街道图书馆、乡镇图书馆、少儿图书馆、中小学图书馆以及工会图书馆等，这些图书馆都直接面向基层群众服务。

六、我国图书馆事业的发展趋势

随着我国在图书馆工作中应用了电子计算机技术、多媒体技术和通信网络技术，图书馆事业正在向着网络化和自动化的方向前进（焦莺，2021）。我国未来的图书馆发展方向是数字图书馆，并且其发展呈多维状态。读者的阅读需要必将呈现很强的增长趋势，图书馆的核心价值就是在于为用户满足他们所需的要求，为社会创造出有利的价值，无论哪个图书馆想要取得持续的成功，就必须不断满足读者日益增长的需求。城市社区图书馆和乡镇图书馆将会有更大的发展，随着城乡经济的不断发展，城市社区图书馆和乡镇图书馆在将来会有极大的发展潜能。

第四节
图书馆对于乡村文化振兴的作用

乡村振兴是全面建成小康社会的重要之策，而乡村文化振兴则是乡村振兴伟大工程中的重要一环，是乡村振兴的精神源头。公共图书馆作为公共文化产业的重要表现形式之一，其具有独特的服务属性和公益属性，因此，在农村建立公共图书馆是丰富广大农村人民群众精神文化生活的有效途径。

一、乡村振兴与乡村文化振兴

长期以来，在城乡二元结构的历史框架下，农村在政治、经济、文化领域都处于边缘化地位（张柏林，2020）。改革开放以来，国家对"三农"（农业、农村、农民）问题越来越重视，尤其是党的十九大以来，"乡村振兴"战略的提出有力地推动了乡村文化的发展与城乡文化的融合。2018年中共中央、国务院《关于实施乡村振兴战略的意见》明确提出"深入推进文化惠民，公共文化资源要重点向乡村倾斜，提供更多更好的农村公共文化产品和服务"。乡村文化建设是乡村振兴的源头和根本，习近平总书记指出，要"深入挖掘优秀传统农耕文化蕴含的思想观念、人文精神、道德规范，改善农民精神风貌，提高乡村社会文明程度，焕发乡村文明新气象。"乡村传承着丰富多彩的民间文化、传统的农耕文化、优秀的传统文化。这些文化凝聚着乡土社会人与自然和谐共生的经验与智慧，是源远流长的农耕文明发展的历史遗产。在新的时代背景下，对乡村文化进行挖掘、整合、保存和传承，既是一场文化寻根，也是一种文化复兴，是帮助农民回归精神寓所、重塑文化自信的重要手段，也是真正实现乡村可持续发展、繁荣与振兴的根本途径。

二、乡村文化振兴背景下公共图书馆的功能定位

公共图书馆作为我国公共文化服务体系的重要组成部分，具有先天的优势和责任，传承中华文明，弘扬传统文化，助力乡村振兴。这既是由自身的公共文化服务属性决定的，也是当前党和国家的重大制度安排。2017年11月4日，全国人民代表大会常务委员会发布的《中华人民共和国公共图书馆法》规定：公共图书馆应当传承发展中华优秀传统文化，继承革命文化，发展社会主义先进文化，以及保存和传承地方文化；县级人民政府应当因地制宜建立符合当地特点的以县级公共图书馆为总馆，乡镇（街道）综合文化站、村（社区）图书室等为分馆或者基层服务点的总分馆制，促进公共图书馆服务向城乡基层延伸。2018年，中共中央、国务院《乡村振兴战略规划（2018—2022年）》就公共图书馆服务乡村振兴作了具体部署："推动县级图书馆、文化馆总分馆制，发挥县级公共文化机构辐射作用，加强基层综合性文化服务中心建设，实现乡村两级公共文化服务全覆盖，提升服务效能……推进农家书屋延伸服务。"公共图书馆应当依据这些法律规定以及制度安排，充分发挥自身效能，为农民提供更为广泛实用的文化服务，为乡村振兴战略提供更有力的智力支持。

三、当前公共图书馆助力乡村文化振兴的模式及服务效能

（一）农村图书馆（室）建设

在我国，农村图书馆（室）指的是县级以下农村地区的公共图书馆，包括乡镇图书馆、文化站、农家书屋等。截至2016年末，96.8%的乡镇建有图书馆或文化站。截至2018年末，全国共有农家书屋58.7万家，农民人均图书拥有量1.63册。数量庞大、分布广泛的农村图书馆（室）是最基层的文化资源，也是助力乡

村文化振兴的主阵地。

农村图书馆（室）是乡村公共文化服务的有效载体和重要保障，满足了农民的基本阅读需求，丰富了农民的精神文化生活，是提升农民素质、营造积极健康的文化氛围的主阵地。但是，这些基层图书馆往往面临资金短缺、人才匮乏、缺乏长效机制保障等问题。由于没有统一的财政拨款，乡村农家书屋的管理员基本上是没有报酬的，一般由村委会的工作人员兼管，工作积极性难以充分调动。且农村图书馆（室）的许多图书都是在上级图书馆或其他淘汰、去库存的书，书籍更新速度慢，在实际使用过程中供需不匹配导致书籍利用率低，资源闲置的现象较为突出。

（二）乡村阅读推广

策划和举办各类阅读推广活动也是各级图书馆服务乡村文化振兴的主要方式。这往往由省级或者市、县级公共图书馆牵头和策划，联合当地图书馆或者农家书屋，定期或不定期举办各种形式的阅读文化活动，如宣讲会、国学讲堂、农民读书、农村少儿阅读、经典诵读等。例如重庆图书馆发起的"书香筑梦乡村行"活动，在开州区大进镇，面向残障、儿童、老人三大特殊群体，分别在开州区图书馆、小学和乡村开展了口述电影、快乐阅读体验课、"今天的中国故事"等活动，为农民们送上一顿丰盛的精神大餐。

举办阅读推广活动一方面能有力推动全民阅读，形式多样的活动能够有效激发农民参与的积极性，使他们在活动中体验阅读快感、激发阅读兴趣、增强阅读意识，从而提升阅读自觉性；另一方面能有效促进资源共享。活动突破城乡公共文化服务壁垒，将省、市级图书馆的书刊、阅读方式和理念在农村进行传递和传播，并与农村当地的文化元素相融合，而乡村的文化和精神诉求也在活动中反馈出来，为日后的城乡文化服务交流互动提供方向。但是，乡村阅读推广缺乏稳定的长效保障机制，乡村阅读推广工作没有形成常态化。乡村阅读推广活动的策划缺乏特色，没有结合当地的风俗，形式也较为单调，难以充分调动农民的积极性。

（三）乡村信息服务

乡村信息服务是公共图书馆参考咨询服务在农村的拓展和延伸。伴随着现代农业的发展和新技术手段的出现，乡村信息服务也呈现出许多新的特质。服务对象更加多元：从单纯的面向农民到综合关注基层农业管理者、基层农技人员、农贸从业者、务农人员等农业相关群体的综合信息需求。相应的信息产品的内容也更为丰富：从主要提供农业生产技术，到综合提供农业相关政策、市场信息、种养技术、致富信息等多元化信息。服务手段方面，从过去的纸本产品逐渐过渡到数字化服务，即借助互联网技术向服务对象提供电子书籍、电子期刊以及电子资料，打破了时空的限制。

乡村信息服务是在对图书馆的资源进行搜集、整合、加工之后使其服务于乡村发展和农民需求的一种服务模式，在一定程度上实现了对图书馆资源的深度开发和共享，是一种相对较为深度的乡村文化服务模式。这种服务有助于农民更好地把握国家政策规定、提升生产技能和整体素质，同时也为基层管理者、农技人员等提供了一定的决策参考和智力支持，推动农村科技成果的转化。但这种服务模式也面临一定的困境，首先是专业人才的缺乏，图书馆具有农业专业背景的人才很少，且大多没有直接的农业从业经历，对农业信息服务对象的实际需求把握不够准确，信息产品的专业性和精准性没有保障；其次是产品与需求的不对称。由于农民文化水平普遍偏低，且信息意识较为淡薄，因此对信息产品的实际接受程度较低，许多信息服务可能陷入"曲高和寡"的尴尬境地。

（四）乡村文化培训

乡村文化培训是以提高农民的整体素质和实用技能为直接目标的社会教育活动，是公共图书馆在乡村发挥社会教育功能的重要形式。在具体实践中，公共图书馆一般联合市、县级图书馆举办农业技术培训班，或者是联合其他文化单位等举办百姓文化课堂，组织邀请农业相关学科的专家、学者等专业人才开展专题讲座，促进农业信息技术的指导和交流。如广西桂林图书馆就联合中共桂林市委宣传部、桂林市文旅局等多家单位共同举办了"桂林百姓文化大讲堂",将图书馆的"文化大讲堂"模式引入农村,为广大农民接受技能培训和文化熏染提供了可贵契机。乡村文化培训能较为迅速地提升农民的素质和技能,有利于农业科学技术的发展和科技成果的转化,同时能推动乡村文明建设,促进农业的高质量发展,是图书馆推动乡村文化振兴的重要途径和手段。但是由于这种文化培训目前并没有形成完整的推进机制,各省、市之间具体的开展情况也不平衡,农民难以享受到均衡、持续、易获取的培训资源。且多数培训还是以现场授课形式为主,农民参与受时间和空间的限制,受众面和影响程度较为有限。

四、乡村振兴背景下公共图书馆文化精准服务的价值

(一)充分保证农民的文化权利

公共图书馆在乡村振兴的背景下为农民提供精准服务,在一定程度上可以保障农民的文化权利,满足其个性化、基本性的文化需求,有效解决目前乡村振兴过程中的文化需求与发展形势不充分、不均衡的矛盾和短板,达到公益性、免费性、自由性、开放性、平等性服务的目的,促进文化供给的覆盖面和共享度,使农村中无论是何种群体、地位、民族都可以享受精准性的文化服务,公平获取各类信息,维护农村社会的公正、和谐。图书馆在精准服务的过程中可以将原本覆盖在城市的硬件基础设施、网络平台等,根据乡村振兴的需求进行延伸,使其扩展到基层区域,为农民获取到与城市居民平等的文化服务提供保障(李艳春,2021)。

(二)全面提升乡村振兴水平

乡村文化记忆对乡村特征产生直接影响,全面进行乡村领域中特有的地域文化与民族文化保护,并将其和现代文化之间有效融合,是公共图书馆在乡村文化振兴发展过程中必要的措施,尤其是在精准服务的过程中,全面保护乡村古建筑文化、特色文化、美术文化、艺术文化、体育文化与节庆文化,是传承并且延续传统文化的重要力量,也是对地域文化进行现代化升级的主要措施。公共图书馆

在精准服务的过程中通过对优势文化资源的整合处理，建设特色性的乡村文化产业，发挥农村领域原本的生态文化优势、民族文化优势、历史文化优势、非物质文化等，不仅可以提升服务的精准性水平，还能带领农民借助传统优秀的工艺技术文化，促进经济的发展、旅游行业的进步，是增强乡村文化振兴效果的基础保障，也是提升整体乡村振兴水平的重要手段。

第二章

乡村文化振兴概览

从2017年10月党的十九大提出实施乡村振兴战略的重大决策以来，中共中央、国务院相继印发了《关于实施乡村振兴战略的意见》（2018年2月）、《乡村振兴战略规划（2018—2022年）》（2018年9月）、《关于全面加强生态环境保护坚决打好污染防治攻坚战的意见》（2018年6月）、《中国共产党农村基层组织工作条例》（2019年1月）、《中国共产党农村工作条例》（2019年9月）、《关于建立健全城乡融合发展体制机制和政策体系的意见》（2019年5月）、《关于加强和改进乡村治理的指导意见》（2019年6月）、《关于促进乡村产业振兴的指导意见》（2019年6月）、《关于加快推进乡村人才振兴的意见》（2021年2月）、《关于实现巩固拓展脱贫攻坚成果同乡村振兴有效衔接的意见》（2021年3月）、《中华人民共和国乡村振兴促进法》（2021年5月）等一系列涉及乡村产业振兴、人才振兴、文化振兴、生态振兴和组织振兴"五大振兴"的相关文件和法规，乡村振兴战略蓝图绘就，体制机制逐步构建和完善，各项工作全面推进，成效显著（张禧 等，2022）。

本章从乡村振兴的内涵切入，对我国乡村振兴战略、乡村文化振兴以及乡村文化振兴之瓶颈加以分析论述，为读者提供参考和借鉴。

第一节
乡村振兴战略的内涵

乡村振兴，思想先行。实施乡村振兴战略是我国从全面建成小康社会到基本实现现代化，再到全面建成社会主义现代化强国的整体战略安排中，贯彻新发展理念，建设现代化经济体系的一项重要战略安排。2020年12月，习近平同志在中央农村工作会议讲话中强调，"全面推进乡村振兴，加快农业农村现代化，是需要全党高度重视的一个关系大局的重大问题"，要从中华民族伟大复兴战略全局看，从世界百年未有之大变局看，"全面建设社会主义现代化国家，实现中华民族伟大复兴，最艰巨最繁重的任务依然在农村，最广泛最深厚的基础依然在农村。"

社会存在决定社会意识。马克思指出，"人们在自己生活的社会生产中发生一定的、必然的、不以他们的意志为转移的关系，即同他们的物质生产力的一定发展阶段相适合的生产关系。这些生产关系的总和构成社会的经济结构，即有法律的和政治的上层建筑树立其上并有一定的社会意识形态与之相适应的现实基础。物质生活的生产方式制约着整个社会生活、政治生活和精神生活的过程。不是人们的意识决定人们的存在，相反，是人们的社会存在决定人们的意识。"

2021年2月，中共中央、国务院印发《关于全面推进乡村振兴 加快农业农村现代化的意见》，强调实施乡村振兴战略，加快农业农村现代化，其中一项重要举措就是要加强新时代农村精神文明建设，"弘扬和践行社会主义核心价值观，以农民群众喜闻乐见的方式，深入开展习近平新时代中国特色社会主义思想学习教育。"

我们党历来重视农村的思想教育。中华人民共和国成立以来，党始终将集中开展社会主义思想教育作为农村工作的一项重要内容，开展过三次教育活动（王东维，2012）。

第一次是 1957—1962 年有组织、有计划地在全国农村开展的社会主义教育运动；第二次是 1963—1966 年开展的农村社会主义教育运动；第三次是 1991—1992 年针对农村思想政治教育工作弱化的问题，中央决定用两三年的时间在全国分期分批开展社会主义思想教育活动。这一系列农村社会教育活动的开展，有力地保证了农村社会的稳定和发展。历史经验表明，农民社会主义思想意识的确立关系着社会主义建设事业的成败，要巩固社会主义制度，对农民的社会主义思想教育就要常抓不懈。

加强农村精神文明建设是新时代全面推进乡村振兴的一个重要内容。2008 年 10 月，党的十七届三中全会召开，提出要"坚持用社会主义先进文化占领农村阵地，满足农民日益增长的精神文化需求，提高农民思想道德素质……坚持用中国特色社会主义理论体系武装农村党员、教育农民群众，引导农民牢固树立爱国主义、集体主义、社会主义思想。"党的十九大提出，"中国特色社会主义进入新时代，我国社会主要矛盾已经转化为人民日益增长的美好生活需要和不平衡不充分的发展之间的矛盾。"《中华人民共和国乡村振兴促进法》则从法律角度规定，"加强农村精神文明建设，不断提高乡村社会文明程度。"

2020 年 2 月，国家统计局统计公报资料表明，2019 年末中国大陆总人口 140005 万人，其中城镇常住人口 84843 万人，占总人口比重为 60.60%，乡村人口 55162 万人，占总人口比重为 39.40%。这表明我国城镇化率已达 60%。"十四五"时期将全面推进乡村振兴，完善新型城镇化战略，深入推进以人为核心的新型城镇化战略，加快农业转移人口市民化，常住人口城镇化率提高到 65%。新的时代需要新的理论武装，新的实践更需要新的理论指导。马克思、恩格斯在《德意志意识形态》中指出："思想、观念、意识的生产最初是直接与人们的物质活动，与人们的物质交往，与现实生活的语言交织在一起的。观念、思维、人们的精神交往在这里还是人们物质关系的直接产物。表现在某一民族的政治、法律、道德、宗教、形而上学等的语言中的精神生产也是这样。人们是自己的观念、思想等的生产者，但这里所说的人们是现实的，从事活动的人们，他们受着自己的生产力的一定发展以及与这种发展相适应的交往（直到它的最遥远的形式）的制约"。

当前，我们正处在全面建设社会主义现代化国家新征程、向第二个百年奋斗目标进军的关键时期。实施乡村振兴战略，核心目的是加快推进农业农村现代化，促进城乡融合发展，让乡村人民群众的生活变得好起来。因此，一方面，要坚持党对农村工作的领导，加强农村精神文明建设，构建新的农村思想教育机制，坚持用新时代中国特色社会主义思想教育农民，牢牢把握农村社会主义思想教育的主动权，引导农民坚定走中国特色的社会主义道路的信心；另一方面，必须始终坚持农民主体地位不动摇，注重从思想上教育引导农民，在提升综合素质能力上下功夫，调动和发挥好农民的积极性、主动性，积极参与各类职业教育、就业培训，积极参与乡村社会治理，促进乡风文明，建设美丽乡村（黄宗跃，2021）。

第二节 乡村文化振兴的内涵

一、乡村文化的内涵及其发展概述

(一)乡村文化的内涵

文化是人类在社会历史实践过程中所创造的物质财富和精神财富的总和,一般指精神财富。乡村文化是乡村社会的有机组成部分,就是在特定的农村社会生产方式基础上,以农民为主体,建立在农村社区基础上的文化,是农民文化素质、价值观、交往方式、生活方式等的综合反映。乡村文化是一种以农民为主体的文化,是农民在长期的生产和生活中创造出来的文化。乡村是中华传统文化生长的家园,中华文化本质上是乡土文化。中华优秀传统文化的思想观念、人文精神和道德规范,植根于乡土社会,源于乡土文化。我国优秀传统农耕文明历史悠久、内涵丰富,一系列价值观念,如家庭为本、尊祖尚礼、邻里和睦、勤俭持家、以丰补歉等,都是人文精华;德业相劝、过失相规、出入相友、守望相助、患难相恤等,都是中华传统美德。儒家文化倡导的讲仁爱、重民本、守诚信、崇正义、尚和合、求大同,不仅维护了中国古代社会的良好秩序,在当今社会仍然具有强韧而持久的生命力。

文化作为一种行为规则系统,其主要功能在于建立一种稳定的秩序,降低人们进行社会活动的风险,促进社会生活的和谐(何佳桦,2018)。目前,从促进社会稳定的视角来看,在乡村文化中发挥作用较大的主要有宗教、礼仪、宗法、道德等文化。

（二）乡村宗教文化

宗教产生的根源是人们对未来的不确定性。德国著名哲学家费尔巴哈曾指出："宗教的整个本质表现并集中在献祭之中。献祭的根源便是依赖感——恐惧、怀疑、对后果的无把握、未来的不可知……而献祭的结果、目的则是自我感——自信、满意、对后果的有把握、自由和幸福。去献祭时，是自然的奴仆，但是献祭归来时，是自然的主人。"宗教具有加强人们之间相互认知的作用，共同的崇拜对象和普遍接受的教义规则可以成为人们之间相互认知的符号，强烈的宗教感情对于同一宗教共同体能起到稳定内部关系的作用。因此，宗教具有降低不确定性的作用，有利于维护社会的稳定。农村社会调研表明，宗教文化在农村社会稳定中起着重要的作用。无论是先富裕起来的农民，还是尚未脱贫的农民，都不同程度地存在各种宗教信仰和参加各种宗教活动，有的村民兴建寺庙的积极性高于修建公路等基础设施的积极性。但是，在不同的宗教共同体之间，宗教分野也可能会强化人们之间的对立，造成社会不稳定。无论在落后社会，还是在现代工业社会，宗教对人们的行为都有重要影响。科学不可能消除人们的宗教感情，现代社会的人们仍有可能从宗教中寻求"终极关怀"。

（三）乡村礼仪文化

礼仪是人们通过程式化言行交流某种信息，以求得生存环境的秩序化和消除对环境的陌生感。礼仪还可以看作社会交易中实施基本行为规则的技术性模式，看作行为文化必要的外包装。所谓"仁义道德，非礼不成；教训正俗，非礼不备；纷争辩讼，非礼不决"等，也说明了礼仪的这种功能。功能良好的礼仪能够传达善意，提高社会交往效率，从而有助于社会的稳定。礼仪在历史上也有固化等级关系与宗法关系的作用，随着社会的进步，这种作用会逐渐消弭。目前，我国农村社会正处于向现代社会迅速转型的历史时期，一些好的传统礼仪规则不断受到破坏，而一些不适应时代进步的礼仪规则却有所兴起。如一些权钱交易活动借助"送礼"得以实现，礼仪活动的敛财性质明显，使社会交往的成本增加、品质恶化，阻碍社会进步。

（四）乡村宗法文化

宗族是由同一祖先繁衍下来的人群，宗法关系便是基于宗族血统而产生的地域性极强的社会关系。在封闭程度很高的情况下，宗族关系会成为农村社会最重要的关系，成为支撑乡村伦理道德的基础社会结构。另外，宗法关系能为农民的经济活动提供一个稳定机制。家族成员在生活告急时，往往求助于同族成员；在承租土地及钱财借贷中，往往是同族成员充当中间人；一无所有的同族成员也可以从宗族中获得帮助以求生存。如果没有外界因素干扰，宗族之间的冲突通常也可以通过家族领袖之间的谈判确定妥协的条件。但是，在一定条件下，宗族关系和祭祖文化也可能有分裂社会的作用。即使在经济发达以后，这种作用也会长期存在。如我国南方地区农村经济相对较为发达，但南方地区的祭祖文化却盛于北方。在近年的农村基层选举中，仍然能观察到祭祖文化和宗族力量的影响。以家庭土地财产权为基础的土地制度、覆盖半径合理的乡村自治体设置制度以及经济活动的高度市场化等，都有利于消除宗法关系对社会稳定的消极作用。

（五）乡村道德文化

一般来说，道德指的是通过人们的自律或通过一定的舆论对社会生活起约束作用。传统农村社会通常是由许多血亲共同体构成的，在血亲共同体内部，个人实施机会主义的风险收益较小，具有流氓性格的人的机会主义行为与共同体的传统道德规则反差较大，容易识别；违规行为会使当事人名誉扫地，承受羞愧的惩罚。羞愧惩罚要依赖熟人社会才能起作用，熟人社会的性质决定了道德类型。因此，道德在传统农村社会能够较好地发挥稳定作用。在基于社会高度分工基础上的居民点所形成的现代农村社区，由于人们的非经济往来不会约束基本自由，社会信任的基础已经由道德向契约转变，由自律向他律转变。

二、乡村文化的发展概述

中国是世界上最大的农业国家之一，农耕文明历史悠久，乡村文化基础雄厚，可以为文化产业发展提供强有力的支撑和稳定的资源环境，因此，传承、保护和发展乡村文化，提升最基本软实力，是助力新时代美丽中国、实现中国梦的必然举措（胡剑南，2019）。文化既是社会发展的产物，也是人类社会实践的产物。因此，从传统的乡村文化来看，其具有乡土性、封闭性、相对静态性、多样性等特点，同样也具有文化的变迁性，随着经济社会的发展而不断发生变迁。在中华优秀传统文化的形成和发展过程中，乡土文化不仅起到了"孕育者"的作用，还发挥了"守护者"的作用。

进入21世纪后，随着我国经济社会的发展和人民生活水平的不断提高，农村文化建设也得到了党和政府的进一步重视。2005年11月，中共中央办公厅、国务院办公厅联合发出《关于进一步加强农村文化建设的意见》，提出加强农村文化建设是全面建成小康社会的内在要求，是建设社会主义新农村、满足广大农民群众多层次多方面精神文化需求的有效途径，对于提高党的执政能力和巩固党的执政基础，促进农村经济发展和社会进步，实现农村物质文明、政治文明和精神文明协调发展具有重大意义；要求要以丰富农民群众精神文化生活为根本，开展多种形式的群众文化活动，积极引导广大农民群众崇尚科学，破除迷信，移风易俗，抵制腐朽文化，提高思想道德水平和科学文化素质，形成文明健康的生活方式和社会风尚。

乡村文化作为发轫于乡土社会中的特殊文化形态，是农民在乡村社会实践中形成的知识技能、价值理念、心理意识、行为方式、乡风民俗以及组织制度等多方面的综合文化体系。根据文化载体和文化特质的差异，乡村文化相应分为乡村物质文化、乡村制度文化、乡村理念文化三种类型（王辉，2021）。

纵观中国乡村文化发展的历史进程，乡村文化大致经过三个重要变迁时期：

第一，1949年之前的传统乡土社会时期；

第二，1949年到改革开放之前的人民公社时期；

第三，改革开放到新农村建设时期。

由上可知，在乡村社会基础、乡村生产方式、乡村治理制度等因素的共同作用下，中国乡村文化经历了从道德情感维系的伦理型文化（礼治）到政治信仰引领的政治型文化（理治），再到理性思考主导的法治型文化（法治）的文化变迁过程。

三、乡风民风建设理论

（一）乡风文明的概念

1. 乡风

乡风指的是一个地方人们的生活习惯、心理特征和文化习俗长期积淀而成的精神风貌，字面含义是风气、风俗、风尚，就是民风民俗（刘伟民，2016）。它既包括观念形态的信仰、观念、意识、操守，知识形态的关于社会和自然各方面的知识，也包括物质形态的生产、生活中物质对象的形制和功能特点，还包括制度形态的礼制、习惯、规约、道德规范等行为规范，属于文化的范畴，涉及人类生产、生活的各个领域、各个方面（王金瑞，2010）。

从社会学意义上讲，乡风是由自然条件的不同或社会文化的差异而造成的特定乡村社区内人们共同遵守的行为模式或规范，是特定乡村社区内人们的观念、爱好、礼节、风俗、习惯、传统和行为方式的总和，并在一定时期和一定范围内被人们仿效、传播和流行。文明的乡风应以人为本，反映时代精神，顺应历史发展，并体现人文精神、时代精神、历史演进三者相一致、相协调。乡风不能用标尺来定位，也无法用金钱来度量，但当人们用自己的行为展示出纯洁、表达出诚意、折射出高尚时，乡风就成为一种无形的财富。因此，无论从词义本身的角度还是从社会学的角度而言，乡风其实是一种依赖于特定农村区域的地理环境、社会生活方式及历史文化传统所形成的一种地域性乡村文化，即它是一个内涵十分丰富的文化概念。

2. 乡风文明

作为农村的一种区域文化，乡风文明直接反映了人们的思想观念和行为方式，是社会关系最外在的表现形式。乡风文明有以下特征：一是乡风文明的形成是一个自然的、历史的演进过程。乡风文明反映了人们自身的现代化的要求，是人们物质需要和精神需要得到相对满足的体现，是一种健康向上的精神风貌。同时，乡风文明反映了时代的精神特征，也体现了历史发展的要求。二是乡风文明是特定社会经济、政治、文化和道德等状况的综合反映，是特定的物质文明、精神文明和政治文明相互作用的产物。三是乡风文明建设是一个复杂的系统工程，它涉及社会经济、政治、文化和道德建设的各个层面。

3. 乡风文明的主体及培育

既然乡风文明体现的是以人为本的理念，反映时代精神并顺应历史发展，那么，乡风文明本质上体现的应该是人与人的关系，是农村或者农村社区范围内，居民之间、邻里之间及生产生活中所体现出的文明、祥和、和谐的社会关系。因此，乡风文明的主体是人，是农村居民或者农村社区居民，当然包括有文化、懂技术、会经营的新型农民，同时也涉及城镇、城郊农村的外来务工、就业人员。乡风文明主体培育是指在建设社会主义新农村的背景下，体现以人为本，适应当代中国城镇化、工业化、现代化发展趋势，着力提高农民（或城镇外来务工人员）综合素质的一项社会化的管理、教育和服务的综合性社会实践活动。

（二）社会主义新农村乡风文明的内涵

社会主义新农村是在社会主义制度下、反映一定时期农村社会以经济发展为基础、以社会全面进步为标志的一种社会状态，它既有物质层面，又有精神文明方面，还有政治文明范畴，而且这三个方面构成一个有机整体。新农村的建设既是一项长期的任务，又是一个历史性的进程，它要求我们不能急于求成，也不能顾此失彼，而要尊重农民意愿，统筹兼顾，全面落实好"产业兴旺、生态宜居、乡风文明、治理有效、生活富裕"的乡村振兴"二十字"方针。

社会主义新农村乡风文明实际上就是农村文化建设的问题，包括文化、风俗、社会治安等方面。它是农村文化的一种状态，是一种有别于城市文化，也有别于以往农村传统文化的一种新型的乡村文化。其本质是推进农民的知识化、文明化、现代化，实现农民"人"的全面发展。乡风文明建设的主要内容包括农村思想道德建设和农村文化教育建设，是社会主义新农村思想道德建设的基本要求，体现着社会主义新农村的思想道德就是乡村新生活、新文化、新风尚、新农民的综合体现。它具体表现为农民在思想观念、道德规范、知识水平、素质修养、行为方式及人与人、人与社会、人与自然的关系等方面继承和发扬民族文化的优良传统，摒弃传统文化中的消极落后因素，适应如今经济社会的发展并不断有所创新，形成的积极、健康、向上的文化内涵、社会风气和精神面貌。

乡风文明的总体要求，就是要大力发展教育、文化、卫生和体育等各项社会事业，不断提高农民群众的思想、文化、道德水平，重建农村精神家园，丰富农村文化生活，形成崇尚文明、崇尚科学、健康向上的社会风气。乡风文明的核心应该是推动和引导广大农民树立适应建设社会主义新农村的思想观念和文明意识，养成科学文明的生活方式，提高农民的整体素质，培养造就有文化、懂技术、会经营的新型农民。乡风文明建设的目标是在农村营造生机勃勃、富于创造、勇于进取的思想文化环境，营造科学健康、文明向上的社会风貌，为新农村建设提供好思想保证、精神动力、智力支持和文化支撑。

推进乡风文明建设就是要加强农村精神文明建设，不断提高农民的思想道德素质和科学文化素质；要形成文化娱乐设施齐备、文化体育活动丰富、民风民俗淳朴健康的精神风貌；要形成乡规民约健全、遵纪守法观念深入、村间邻里和睦、治安措施保障有力的和谐生活环境。社会主义新农村建设所需要的新观念、新风尚要依靠乡风文明建设来传播，所需要的人文精神、创业精神要依靠乡风文明建设来培育，所需要的舆论氛围、社会环境要依靠乡风文明建设来营造。

乡风文明是一个自然的、历史的演进过程，它反映了人们自身现代化的要求，是人们物质需要和精神需要得到相对满足的体现，是一种健康向上的精神风貌。

同时，乡风文明反映了时代的精神特征，是历史发展的要求。它是特定社会经济、政治、文化和道德等状况的综合反映，是特定的物质文明、精神文明和政治文明相互作用的产物。

（三）社会主义新农村乡风文明的本质

社会主义新农村的乡风文明，本质是推进农民的知识化、文明化、现代化，实现农民的全面发展。它应具有表2.1所示的鲜明特征。

表2.1 社会主义新农村乡风文明的鲜明特征

主要特征	释义
新农村的乡风文明是以马克思列宁主义、毛泽东思想、邓小平理论、"三个代表"重要思想、科学发展观和习近平新时代中国特色社会主义思想体系为指导的精神文化建设	新农村文化建设中，明确工作方向，理清工作思路，贴近实际、贴近生活、贴近群众，唱响主旋律，大力发展先进文化，支持健康有益文化，努力改造落后文化，坚决抵制腐朽文化，确保新农村文化事业沿着正确的方向前进
新农村的乡风文明是一种具有先进品格的文化	"三个面向"要求农村乡风文明必须打破长期城乡二元经济社会结构下形成的封闭、落后的惰性状态，以更加积极的姿态，形成更加开放、更有活力、具备较为完善的自新机制和较强的自新能力的文化，革除文化积累中的糟粕，继承优秀文化传统，导入现代文明因素，不同于城市文化而又与城市文化相对接、相兼容，具有鲜明特色和现代品格的文化内涵
新农村的乡风文明是一种村庄先进文化	这种村庄文化，应积极适应并充分反映现代农村经济社会发展现状。在以家庭为核心，以血缘关系、地缘关系为主要纽带连接成共同体的传统村庄文化的基础上，逐渐过渡到以产业为核心，以业缘关系为主干，血缘关系、地缘关系为两翼，多条纽带连接成的文化共同体，促进生产发展和社会和谐
新农村的乡风文明与社会主义新农村的整体建设目标相适应	作为社会主义新农村建设的目标之一。乡风文明既有自己的相对独立性，对农村物质文明、政治文明建设有着巨大的推动作用，又受农村政治文明尤其是物质文明的制约，因此，乡风文明必须与新农村建设的整体目标相适应、相协调

"乡风文明"作为农村社会主义精神文明的一个重要组成部分，与其他三种文明相比，则处于更为突出的地位和具有更为重要的作用。这种地位和作用，由乡风文明的基本内涵及它所具有的文化功能所决定。社会主义新农村的乡风文明，既有传承古朴民风的一面，也有创建现代文明风尚的一面，它的实质和核心是农民的知识化、文明化、现代化。建设新农村的乡风文明，就是要在农村形成积极、

健康、向上的社会风气和精神风貌，推动和引导广大农民树立崭新的思想观念和文明意识，养成科学文明的生活方式，提高农民的整体素质，培养造就有文化、懂技术、会经营的新型农民，从而实现农民的全面发展。

（四）乡风民风建设规划

促进乡风文明，必须明确乡风文明建设的主要内容，这样才能做到有的放矢。我们认为，乡风文明建设应包括整体的道德理念、良好的精神面貌、较高的文化素养、健康的生活风尚等方面。

1. 加强农民思想道德教育

农民基本道德规范是形成乡风文明的基础，要渗透在整个社会生活中。必须大力宣传《公民道德实施纲要》，扎实开展多种形式的宣传教育活动。广泛发动群众参与富有乡村特色的文明创建活动，切实加强农民思想道德教育。

当前，尤其要深入开展社会主义核心价值观宣传教育活动，引导和教育农民群众明是非、辨善恶、识美丑，逐渐树立品德端正不违法、应缴税（费）不拖欠、家庭和睦不拌嘴、孝敬老人不忤逆、邻里互帮不生非、崇尚科学不迷信、健康娱乐不赌博、移风易俗不浪费等社会风尚，形成有利于农村发展的良好风尚。同时，促进乡风文明，离不开对先进典型的学习和宣传。

在社会主义新农村建设中，要立足农村实际，从群众身边选典型，注重群众公认，依靠群众推典型，保持典型本色，拉近典型与群众距离，树立一批有时代特征、有感人魅力、有一定群众基础的先进典型，进而在整个农村形成崇尚先进、学习先进、追随先进的良好风尚，为建设乡风文明提供强大的精神支撑。

2. 鼓励良好的村风民风

村风民风能够直接反映农民思想道德整体水平的高低，直接体现农村精神文明建设的成效。其中村风是民风的集中体现，民风则是村风的主要组成部分，二者相辅相成。实现村风民风好转的根本途径是加强农村社会主义精神文明建设，提高广大农民的素质，让先进的文化、思想占领农村阵地，与不良社会风气作斗争,从而形成良好的社会风尚。要广泛深入地开展移风易俗活动,消除不文明行为,大力弘扬好人好事,打击歪风邪气,驱邪扶正,以正压邪。

此外,还要引导农民群众树立现代文明的生活理念,逐步克服世代沿袭下来的一些根深蒂固的落后习俗,逐步摒弃落后的生活方式和不良的生活习惯,逐步由传统生活方式向现代文明生活方式转变,自觉认同和逐步养成科学、健康、文明的生活方式(梁思聪 等,2016)。

3. 加大农村文化设施建设的投入

一是要完善农村文化基础设施建设的资金投入机制。必须把乡风文明建设资金纳入财政计划,要设立专项资金,使乡风文明建设拥有健康发展的物质基础。要采取财政投入一点、部门支持一点、社会赞助一点、市场运作一点的办法,尽快建立多渠道、多层次的资金投入机制。

二是要建立完备的农村文化基础设施。要坚持以政府为主导,以乡镇为依托,以村为重点,以农户为对象,发展县、乡镇、村文化设施和文化活动场所,形成农村公共文化服务网络,满足农民群众多层次、多方面的精神文化需求。要加大"村村通"广播电视工程建设力度;要加快乡镇文化站和行政村文化活动室建设,并以文化站为核心,建立和完善图书阅览室、影剧院、文化广场、网络服务中心等文化设施;要利用全民健身运动的东风推动农村体育事业发展,大众体育运动和健身设施建设要向农村倾斜;加强对农村基础教育资源的合理配置,要实行城乡统筹解决农村基础教育师资不足和办学条件差的问题,特别要切实解决中小学危房问题。

三是要抓好农村文化娱乐队伍建设。积极扶持农民合唱队、民乐团等农村民间文艺团体;引导农民自发成立龙舟队、秧歌队、腰鼓队、舞龙舞狮队等文化体育组织。

4. 丰富农民群众的精神文化生活

文化人才要抓好精神文化产品创作生产,开展多样化的群众文化活动,做好民族民间文化保护工作。要加大面向"三农"的精神文化产品创作生产力度,特别要重视政策法规类、信息知识类和文体娱乐类等文化产品的创作生产,新闻媒体开办为"三农"服务的专栏、专版和节目,文艺生产单位创作为"三农"服务的文艺作品,宣传部门编写面向"三农"的宣传教育资料。要加大送文化下基层的力度,积极开展送电影下乡、送演出到村落、送图书给农民、宣讲活动进农村等活动,组织宣传文化工作者下基层调研,把文化资源全方位地配送到农村(李新市,2006)。

此外,要加大基层文化队伍建设力度,着力培养群众文化工作者、民间艺人、专业文化工作者、综合执法管理人员等多支文化人才队伍。同时,还要大力培育和造就新一代有理想、有道德、有文化、懂科技的新型农民。农民是新农村建设的主体。建设社会主义新农村,急需培养、造就千千万万高素质的新型农民,这是新农村建设最本质、最核心的内容,也是最为迫切的要求。只有不断提高农民的综合素质,增强农民的发展意识、效率意识、竞争意识,才能促进农村"三个文明"协调发展,进而形成良好的道德规范和社会风尚,促进社会主义新农村的现代化进程。

5. 大力推进文化育民

一是要把"送文化"与"种文化"相结合。一方面,继续大力推行文化下乡活动,并使之常态化、制度化,促进文化资源下移、文化服务下移,使农村广大群众享受到文化下乡活动的实在之惠(余泽娜 等,2013)。各级政府要积极推动文化、科技、卫生"三下乡"活动,文化对口支援和服务农村活动,组织和鼓励各类艺术表演团体、电影公司、图书馆、各类专业技术部门或协会到农村送戏、送电影、送书、送知识;支持大学生暑期"三下乡"活动,让高校大学生把反映时代气息、当代大学生风貌的文艺演出和先进的科技知识以及科学的教育理念等带进农村。另一方面,要开展"种文化"活动,鼓励农民自办文化,让农民成为文化活动的主体。因为"送来的文化"对繁荣农村文化起重要带动作用,但它毕竟是外来的、"喂食式"的帮助,从长远来看难以独当一面;而且,农民是新农村的主体,在文化建设中也应担当主角。因此,基层政府应重视"种文化"的工作。

"种文化"首先要懂得挖掘本地特色文化。由于历史传承和区域发展的差异，各地农村在文化上各有特色，以广东为例，如佛山和蕉岭的舞狮、丰顺的舞龙、连州的瑶族布袋木狮舞、潮州的刺绣与大锣鼓、梅州的客家山歌，还有粤曲、潮剧、雷剧、白字戏、采茶戏等，这些特色文化，不仅是农村民间文化的历史积淀，而且因为符合农民的审美习惯和认知方式，在农民中有较强的吸引力和亲切感。因此，政府不仅要加大资金投入，充分挖掘、整理和保护这些农村民间特色文化资源，重视培养农村特色文化的传人，使这些特色文化得以流传，而且要有意识地保留和开展一些带有地方标志性的文化民俗活动，如庙会、赛歌会、文艺游街等，借助传统文化民俗活动的载体，带动农村民间特色文化的复兴和传承。其次，"种文化"还应积极发动群众开展别开生面、生动活泼的文体活动，如举办群众文化节、体育竞赛等，尤其要鼓励农民自编自演，激发农民自身的创造活力和参与积极性，重在调动农民的参与性，因为"村民自己参与的节目可能达不到二流剧团的水平，却可以获得超过观看一流剧团节目的娱乐价值"，要让这些文体活动常态化，激发农民群众中潜在的文化活力。

二是要为农民提供再教育的平台与机会。各级政府应建立健全农村义务教育的投入机制与长效机制，优先安排农村义务教育经费投入，加大对农村义务教育的物力、财力支持，改善农村中小学的办学条件与设施，推进农村中小学现代远程教育工程等；应加强农村教师队伍建设，把提高教师待遇、改善教师生活作为加强师资队伍建设的首要任务。同时，由于城乡师资力量差距大是制约当前农村教育发展的瓶颈，因而也应注重提高农村师资力量。可以通过加强农村义务教育的督导，或者通过城市优质学校与农村薄弱学校结对子——城市学校优秀教师到农村支教、上示范课、开讲座，农村教师到城市学校跟班学习等方式来提高农村师资力量和义务教育质量。

同时，要为农民提供再教育的平台与机会。再教育包含两个方面的内容：一是提升科技文化综合素质。各级政府应以适应农民需求为着眼点，以服务农民为宗旨，逐步建立起由政府统筹、农业部门牵头、相关部门配合、社会广泛参与的新型农民科技培训运行机制。如在农村开展"乡村大课堂"建设，把高质量的人文素质讲座、科技知识培训和经商之道讲座有机结合起来,逐步改变先进文化在农村传播薄弱的局面。通过长期教育、培训,甚至实施终身教育计划来提高农民的科技文化水平,使其成为有文化、懂技术、会经营的社会主义新农村新型农民。二是思想观念方面的宣传教育。通过讲座学习、传媒宣传等途径,通过"先进思想进农家""政策法规进农家""讲文明、讲卫生、讲科学、树新风、改陋习"等活动,不断提高农民的思想觉悟和认识水平,带动农民群众自觉移风易俗,促使广大农民群众认可和接受绿色、健康、科学、文明的生活方式。

(五)新时代乡村文化建设的主要内容

2018年2月,中共中央、国务院《关于实施乡村振兴战略的意见》中提出"必须坚持物质文明和精神文明一起抓,提升农民精神风貌,培育文明乡风、良好家风、淳朴民风,不断提高乡村社会文明程度。"2018年9月,中共中央、国务院在《乡村振兴战略规划(2018—2022年)》中进一步明确提出,繁荣发展乡村文化,就是要"坚持以社会主义核心价值观为引领,以传承发展中华优秀传统文化为核心,以乡村公共文化服务体系建设为载体,培育文明乡风、良好家风、淳朴民风,推动乡村文化振兴,建设邻里守望、诚信重礼、勤俭节约的文明乡村。"因此,新时代的乡村文化建设,就是以农民为主体,坚持以社会主义核心价值观为引领,以传承发展中华优秀传统文化为核心,以乡村公共文化服务体系建设为载体,开展产业、设施、教育、文娱活动等全方位乡村文化形态建设,以繁荣兴盛农村文化,焕发乡风文明新气象,进而实现乡村文化振兴的过程。

综合来看,在新时代,加强乡村文化建设主要包括表2.2所示的三项内容。

表2.2 乡村文化建设的主要内容

主要内容	实施措施
加强农村思想道德建设	坚持教育引导、实践养成、制度保障三管齐下,深入推进社会主义核心价值观;深化文明村镇创建活动,广泛开展群众性精神文明创建活动,重视发挥社区教育作用,巩固农村思想文化阵地;倡导诚信道德规范,深入实施公民道德建设工程,推进社会公德、职业道德、家庭美德、个人品德建设。持续推进农村精神文明建设,提升农民精神风貌,倡导科学文明生活,不断提高乡村社会文明程度

续表

主要内容	实施措施
弘扬中华优秀传统文化	实施农耕文化传承保护工程，深入挖掘农耕文化中蕴含的优秀思想观念、人文精神、道德规范，充分发挥其在凝聚人心、教化群众、淳化民风中的重要作用。立足乡村文明，汲取城市文明及外来文化优秀成果，在保护传承的基础上，创造性转化、创新性发展，不断赋予时代内涵、丰富表现形式，为增强文化自信提供优质载体
丰富乡村文化生活	按照有标准、有网络、有内容、有人才的要求，健全乡村公共文化服务体系，推动城乡公共文化服务体系融合发展；深入推进文化惠民，为农村提供更多更好的公共文化产品和服务；广泛开展群众文化活动，完善群众文艺扶持机制，培育挖掘乡土文化本土人才，繁荣农村文化市场，为广大农民提供高质量的精神营养

（六）新时代推进乡村文化建设的背景

实施乡村振兴战略，是党的十九大作出的重大决策部署，是决胜全面建设社会主义现代化国家的重大历史任务，是新时代"三农"工作的总抓手。实施乡村振兴战略，要坚持乡村全面振兴，实现乡村产业振兴、人才振兴、文化振兴、生态振兴、组织振兴，推动农业全面升级、农村全面进步、农民全面发展。乡村文化振兴作为乡村振兴的五大振兴任务之一，是乡村振兴的精神基础，乡村文化振兴是实现乡风文明、生态宜居、治理有效的重要支撑。

1. "三农"问题直接关系着国家的现代化建设

实施乡村振兴战略的目的，就是要坚持农业农村优先发展，按照产业兴旺、生态宜居、乡风文明、治理有效、生活富裕的总要求，建立健全城乡融合发展体制机制和政策体系，统筹推进农村经济建设、政治建设、文化建设、社会建设、生态文明建设和党的建设，加快推进乡村治理体系和治理能力现代化，加快推进农业农村现代化，走中国特色社会主义乡村振兴道路，让农业成为有奔头的产业，让农民成为有吸引力的职业，让农村成为安居乐业的美丽家园（陈明，2020）。

2020年11月，党的十九届五中全会提出，要全面建设社会主义现代化国家，"把乡村建设摆在社会主义现代化建设的重要位置""坚持把解决好'三农'问题作为全党工作重中之重，走中国特色社会主义乡村振兴道路，全面实施乡村振兴战略，强化以工补农、以城带乡，推动形成工农互促、城乡互补、协调发展、共同繁荣的新型工农城乡关系，加快农业农村现代化"。"三农"问题在我国作为一个概念提出来是在20世纪90年代中期，实际上"三农"问题自中华人民共和国成立以来就一直存在。进入21世纪后，党和国家高度关注"三农"问题。党的十八大以来，国家持续加大对"三农"问题的政策支持力度，不断深化农村改革，促进农村全方位发展。党的十九大提出实施乡村振兴战略，标志着乡村发展进入了一个新阶段，同时也体现了党和国家对"三农"问题的高度重视。在新的时代，实施乡村振兴战略，加快农业农村现代化，直接关系到国家的全面现代化建设。因此，加强乡村文化建设，实现乡村文化振兴，既是乡村振兴的重要内容，也是新时代解决"三农"问题，加快农业农村现代化建设的题中应有之义。

2. 文化建设是农业农村现代化的客观需要

实施乡村振兴的目的在于加快农业农村现代化，但农业农村现代化不仅仅是经济层面的现代化，而是全面的现代化。近年来，党和国家加大了解决"三农"问题的力度，农业结构稳步调整，农村经济稳步发展，农村改革稳步推进，农民收入稳步增加，农村社会继续保持稳定，农民物质生活实现由温饱到小康的转变，逐渐开始关注精神生活。在绝大多数农村人口解决温饱以后，存在的问题是物质生活与文化生活之间的不对称，物质获得感与文化获得感的不均衡。从总体上看，随着物质生活的改善，农村人口对美好文化生活的需求迅速增长。因此，实施乡村振兴战略，通过文化振兴来满足农村人口日益增长的对美好文化生活的需求是极其必要的。

2018年中央1号文件从提升农业发展质量、推进乡村绿色发展、繁荣兴盛农村文化、构建乡村治理新体系、提高农村民生保障水平、打好精准脱贫攻坚战、强化乡村振兴制度性供给、强化乡村振兴人才支撑、强化乡村振兴投入保障、坚持和完善党对"三农"工作的领导等方面进行安排部署。

2019年1月，中共中央、国务院在《关于坚持农业农村优先发展 做好"三农"工作的若干意见》中强调，要加强农村精神文明建设，"引导农民践行社会主义核心价值观，巩固党在农村的思想阵地。"

2020年1月，中共中央、国务院在《关于抓好"三农"领域重点工作 确保如期实现全面小康的意见》中进一步强调，党的十九大以来，党中央围绕打赢脱贫攻坚战、实施乡村振兴战略作出一系列重大部署，出台一系列政策举措。农业农村改革发展的实践证明，党中央制定的方针政策是完全正确的，今后一个时期要继续贯彻执行，要"改善乡村公共文化服务，推动基本公共文化服务向乡村延伸，扩大乡村文化惠民工程覆盖面""教育引导群众革除陈规陋习，弘扬公序良俗，培育文明乡风"等，推进农业高质量发展，保持农村社会和谐稳定，提升农民群众的获得感、幸福感、安全感，确保脱贫攻坚战圆满收官，确保农村同步全面建成小康社会。

（七）新时代推进乡村文化建设的重要性

乡村是中华传统文化的家园，乡土文化是中华传统优秀文化的根底，乡土文化孕育守护着中华文化的精髓。乡村振兴既要塑形也要铸魂，要振兴乡村，首先要振兴人的思想和精神。乡村文化建设在繁荣乡村文化、满足农民日益增长的精神文化需求，全面推进乡村振兴中发挥着重要作用（周兴，2022）。

1. 实施乡村振兴战略的文化支撑

党的十九届五中全会强调，"要走中国特色社会主义乡村振兴道路，全面实施乡村振兴战略。"乡村文化振兴是乡村振兴的题中之义。乡村文化建设是乡村振兴战略的重要组成部分，其建设水平直接影响着乡村振兴战略的实施效果。加强乡村文化建设，从根本上塑造农民新的精神面貌则是有效推进乡村振兴战略的重要因素之一。因此，加强乡村文化建设，提升农民精神面貌，提高乡村文明水平，可在文化层面为乡村振兴战略的实施提供坚实的支撑力，为推进乡村全面振兴提供强大的精神动力。

2. 传承发展乡村文化的必要环节

习近平同志指出："乡村文化是中华文明史的主体，村庄是这种文明的载体，耕读文明是我们的软实力。"乡村文化是农民在农村长期生产生活的过程中形成的思想观念、心理意识和行为方式，彰显其地方独特文化基因。乡村文化是进行乡村文化建设的文化基础，乡村文化建设必须要依托乡村文化。同时乡村文化建设也要立足时代，深度挖掘乡村文化，并在此基础上为其注入时代活力，激发乡村文化的生命力，使其在新时代焕发出新的面貌，产生新的价值。

3. 满足广大农民精神需求的主要途径

中国特色社会主义进入新时代后，我国社会主要矛盾发生了新的变化，农民对于美好生活的需要日益增长，在精神文化层面上的需求也提出了更高的要求。乡村文化建设是满足广大农民精神文化需求的主要途径。因而，加强乡村文化建设，完善乡村公共文化服务体系，在硬件设施、教育、活动等方面填补之前文化需求的空缺，不断提升乡村文化服务水平，不断满足人们日益增长的精神文化需求，提高农民获得感和幸福感。

4. 推进城乡协调发展的重要措施

"乡村振兴战略是解决现代化和城市化进程中城乡差距的重要举措，城乡差距不仅体现在经济上，更体现在文化落差上。"因此，进行乡村文化建设，繁荣乡村文化，提升乡村文明水平，缩小城乡文化差距，为城乡文化均衡发展提供保障。推进乡村文化建设就会使得各种文化资源向农村倾斜，加强城乡之间的合作交流，建立城乡帮扶机制，城乡之间的文化差距不断缩小，进而推进城乡之间的协调发展，也为构建城乡社会发展一体化格局创造有利条件。

（八）我国乡村文化建设取得的成效

随着乡村振兴的稳步推进，各项惠农政策的贯彻落实，乡村居民不仅物质生活水平获得了大提高大发展，乡村精神文明建设也取得了很大的进步。其中乡村文化建设作为乡村精神文明建设的关键，党中央不仅高度重视，并且制定出台了一系列行之有效的政策措施。党的十九大以来，我国的农业农村取得了全方位的历史性发展，乡村文化建设也因此有了更加坚实的政治、经济基础，并取得了一定的积极成效。

1. 乡村文化建设环境明显改善

近年来，党和国家加大了对文化建设的投入，乡村文化基础设施得到完善，文化空间得到扩充，极大改善了文化建设硬件设施。"十三五"时期，全国公共文化设施网络日益完善，公共图书馆、文化馆（站）、博物馆、美术馆等公共文化设施继续免费开放，县级文化馆、图书馆总分馆制建设扎实推进。截至2020年6月，共建成基层综合性文化服务中心56万个，覆盖率超过95%。此外，国家积极推广文化信息资源共享工程、远程网络教育接收工程，着力构建乡村公共服务网络。不断加大和改进卫星、无线网络和信号接收塔等现代科技设施建设，为乡村群众接收和沟通文化信息提供更加便利的条件。同时，国家还实施了一系列的乡村文化繁荣发展工程，推动乡村文化的保护、传承，丰富乡村文化的建设途径，为乡村文化建设提供平台。随着各项乡村文化惠农政策的落实，乡村文化建设的大环境发生着可喜的变化。农村的经济发展迅速，农民物质水平得到极大提升，这为乡村文化的繁荣发展奠定了坚实的物质基础。广大乡村居民也有了更多的精力和时间来开展精神文化活动，各种文化惠民工程的有效落实，广大民众的积极参与，使他们感受到形式多样、内容丰富的乡村文化带来的享受与愉悦。

2. 农民文化素质逐步提高

随着新时代乡村振兴战略的稳步推进，新时代的乡村文化建设主体已经呈现出了新面貌，越来越多受过教育的人才投入到乡村文化建设者的队伍当中去。一方面，在"十三五"时期，党中央统筹推进农业农村各类人才队伍建设，通过分层分类培训，目前中国高素质农民队伍规模已达到1700万人。另一方面，党的十八大以来，全国共有19.5万名驻村第一书记奋战在脱贫攻坚一线，大约60万大学生"村官"活跃在全国农村，这对于加强农村思想道德建设、保护传承乡村优秀传统文化、开发优秀公共文化产品和服务都产生了积极的推动作用。随着文化人才队伍规模稳步扩大、人员整体素质不断提高，以及多种形式的文化教育活动，新观念、新思想在乡村得到传播，这不仅丰富了广大民众的精神生活，同时提高了乡村居民的整体文化素质，激发了乡村居民参与乡村文化建设的热情。

同时，随着社会的发展与进步，越来越多的乡村居民开始认识到教育的重要性，他们在不断学习提高自身文化水平和思想道德素质的同时，也投入了更多的时间和金钱让自己的孩子接受教育。农村教育事业发展越来越好，人们的受教育程度逐步提升。这些都为乡村文化建设提供了持续的内在动力，为乡村文化建设主体整体素质的提高提供了有效保障。

3. 乡村文化活动内容日益丰富

随着中国经济的飞速发展和国家一直以来对"三农"问题的高度重视，乡村经济发展水平明显提高、乡村居民的经济收入持续增加、乡村居民的获得感和幸福感显著提升。因此，乡村居民有了更多的时间和精力享受丰富的文化生活，获得精神世界的满足与愉悦。特别是随着乡村振兴战略的全方位展开，乡村建设的各项民生政策推进落实，乡村文化基础设施不断改善，各种乡村文化活动普遍开展，为乡村居民提供了更多创造文化活动的机会和文化活动内容。这有效调动了乡村居民参与乡村精神文明创建活动的积极性和主动性，不仅有效改善了乡村居民的精神面貌，而且提升了乡村整体的民风、乡风。丰富的文化活动不仅充实了广大民众的闲暇时光，也让乡村居民的精神面貌焕然一新，一些不良风气、陈规陋习等正在逐渐褪去，取而代之的是乡村文明新风尚。

4. 乡村文化载体日益先进

2020年9月29日，《中国互联网络发展状况统计报告》显示，中国农村地区互联网普及率为52.3%，全国贫困村、深度贫困地区贫困村通宽带比例均已达98%。2020年11月27日，《中国数字乡村发展报告（2020年）》发布，报告表明，2020年中国数字乡村建设加快推进，数字乡村战略进一步落地实施，乡村信息基础设施建设不断完善，农业农村大数据建设初见成效，农业生产数字化水平不断提高，乡村数字经济新业态蓬勃发展，乡村治理数字化水平大幅提升，乡村信息服务更加完善，智慧绿色乡村建设稳步推进，乡村科技创新迈上新台阶，网络扶贫取得明显成效。

伴随着数字技术、网络技术、移动通信技术的迅猛发展，数字电视、网络报纸、移动媒体等新媒体在乡村广泛应用，使农民信息获得途径从最初的口耳相传，到语言文字，再到今天以现代科学技术、数字网络为媒介的大众传播，微信、微博、论坛等的出现，给农民提供了自由表达的平台，激发了农民自由表达意见、平等交流信息的欲望，文化表达权利得到充分保障。

当前我国乡村已基本实现广播电视"村村通"，电视台、广播电台等把面向基层、服务"三农"作为主要任务，制作了多个乡村文化节目，使得广大农民从中获得的文化信息和资源越来越丰富。越来越多的农民，通过网络媒介了解新闻资讯，欣赏文学、影视和音乐作品；利用网络，通过拍摄微视频上传平台，记录和传播独具地方特色的传统文化、民风民俗、产品制作工艺，大大丰富了农民的文化生活，也拓宽了乡村传统文化传承的途径，推动乡村文化建设的发展。

（九）新时代推进乡村文化建设的重点任务

1. 重视乡村文化的传承和创新发展

党的十九届四中全会通过的《中共中央关于坚持和完善中国特色社会主义制度、推进国家治理体系和治理能力现代化若干重大问题的决定》强调，要推进中华优秀传统文化传承发展工程。传统文化是千百年来乡村生活的积淀，是乡村文化中最稳定的元素。我们要推动乡村文化的传承与创新，深入挖掘乡村文化中蕴藏的思想观念、人文精神、道德规范等，使其与时代发展相适应，在新时代焕发出新的生命力，产生新的价值。

2. 重视乡村文化的传承和发展

中国近两千多年的文明史是以农耕文明为主，而农耕文明的根在广大的乡村。因此，挖掘乡村文化中所蕴含的各种优秀文化基因，如建筑文化、民俗文化、饮食文化等，并将它们与新时代的新要求相结合进行创新发展，让乡村优秀传统文化展现出独特的中国魅力和时代风采，这是乡村文化建设的主要任务之一。要推动乡村文化振兴，政府必须加强对乡村优秀文化的传承和保护，深入挖掘乡村传统文化中蕴含的与时代发展相符合的价值观和理念，并赋予其新的表达方式，使之成为推动乡村文化振兴的精神动力。

深入挖掘中华民族优秀传统文化，对优秀乡村文化进行保护和创造，可构建乡村文化共同体，通过有效途径实现乡村文化共同体的自我巩固和良性发展，从而走上乡村文化兴盛发展的道路。不仅要注重传承，更为重要的是要注重创新发展。随着时代变化发展，传统乡村文化会出现一些与当前文化建设需求不相符合的部分，所以创新发展至关重要，要在传承传统乡村文化的基础上，挖掘乡村文化的当代价值，并且推动形成新的符合时代发展，适合乡村发展需要的新的乡村文化。

3. 加强乡村思想道德体系建设

思想道德体系建设作为乡村振兴战略的重要组成部分，是社会主义核心价值观在农村践行的重要基础，是提高乡村社会文明程度的有效途径。当前，随着生活水平的提高以及社会开放程度的增加，各种陈规陋习、封建迷信沉渣泛起，不良风气也随之而来。现代化的农村需要物质和精神双重文明的协调发展，任何一方面的落后都会阻碍农村现代化的实现。因此，需要采取多种措施加强乡村精神文明建设活动，打造文明乡村。其中，思想道德建设对文明乡村建设发挥着不可替代的重要作用，是为乡村铸魂的重要方法，也是实现乡村振兴的内在动力。

中华优秀传统美德是经过五千年文明积淀而成的独特民族品格，对于个人的行为选择、价值取向、家国情怀以及社会风尚的形成都会产生深刻的影响。中华优秀传统美德在中国传统社会中发挥着强大的道德教化功能，在乡村社会治理、乡村秩序维护中具有突出作用。虽然，今天中国的乡村已经发生了前所未有的变化，但是几千年的乡土底色在乡村依然具有深厚的根基，尤其是相对落后闭塞的乡村。因此，通过政策倾斜和资金的双重保障以调动社会力量积极参与传统美德的挖掘保护以及合理开发运用，实现中华传统美德与现代社会的高效接轨，将其融入乡村生活，可以有效改善当前一些乡村社会的不良风气，为乡村振兴提供持续的内在精神动力。

4. 以社会主义核心价值观引领淳朴民风

社会主义市场经济条件下，利益的多元化导致社会成员的价值观念发生了深刻变化，传统乡村中价值观念也有所缺失。社会主义核心价值观不论是国家层面的现代化建设目标，还是社会层面的基本价值取向，抑或是个人层面的公民基本道德准则，都是当前中国特色社会主义核心价值体系的高度概括和精华，"是当代中国精神的集中体现，凝结着全体人民共同的价值追求"。当前，应将社会主义核心价值观融入乡村日常生活，引导教育乡村居民规避不良风气的影响，回归淳朴民风，形成社会主义乡村文明新风尚。我们需要把社会主义核心价值观的培育和践行作为淳化民风的基础工程，坚持导向性教育与宣传，并将其融于生活与工作实践。

5. 重视乡村文化建设理论教育

当前农村劳动力向城市流动，农村老幼人口较多，文化建设的开展难度加大，且老幼人口的文化程度偏低易导致参与度低、教育效果不佳。文化建设就应该重视文化理论教育、宣传，使人们清楚了解乡村文化的价值，何为文化建设、为何进行文化建设、如何进行文化建设等。对于这些问题有一定了解，村民才会明白文化建设对于他们的意义以及他们的参与对于文化建设的重要性，继而才能积极参与文化建设，并有底气提出自己的看法，有意识地完成自己的义务，从而有效推进乡村文化建设。

6. 强化乡村文化建设的人才队伍

"人才兴则事业兴，人才强则乡村强"，文化的创造主体是人，乡村振兴战略的根本在人，要实现乡村文化振兴必须先解决人的问题。自乡村振兴战略提出以来，党中央在关于农业农村农民发展的多个重要文件、规划以及重要会议中一再强调人才队伍建设的重要性。如在 2019 年中央 1 号文件中再次提到"培养懂农业、爱农村、爱农民的'三农'工作队伍。"表 2.3 列出了我国在乡村振兴中乡村文化建设的主要目标任务。

表2.3　乡村文化建设的主要目标任务

目标任务	实施措施
提升文化建设主体素质	在乡村文化建设过程中主体的参与对于文化建设是非常重要的，并且农民的素质对于是否能够有效推进文化建设是重要影响因素。主体素质的提高有利于主体意识的觉醒，使得村民能够自觉地规避封建文化、不良文化等对自身的消极影响，能主动追求优秀文化，提高其精神需求，提升村民的精神境界。所以在文化建设的过程中，要重点关注文化建设主体各方面素质的提高。通过教育、培训、各种文化活动等形式提升主体的道德素质、文化素质、知识素质等，使农民有意识、有能力参与文化建设，行之有效地进行文化建设
激发乡村文化建设主体活力	进行文化建设就必须从主体出发，培育乡村文化建设者的主体意识，增强其责任意识，激发乡村文化建设主体活力，使农民主体自发主动地参与到乡村文化建设的实践之中，让乡村文化建设不再只是敷衍了事的形式，不再是政府的独角戏。进行文化建设要发动现有的在乡村的村民，要积极开展各种形式的教育活动，注重农民文化技能和文化素养的培养，激活乡村文化发展的内生动力，从而使广大农民有能力进行乡村文化建设。此外，还要重构村民对乡村文化价值的认同，提升其文化自信，让村民能够有兴趣，积极参与乡村文化传承发展，充分发挥乡村文化建设主体作用
加强文化人才队伍建设	人是乡村文化建设的主体，在其中能够扎根农村、能与时代接轨的人才则为乡村文化建设提供创新发展的主要力量。所以，当前的文化建设必须着力培养一批心系乡村、扎根乡村、服务乡村的具有乡村特色的文化人才队伍，提升村民的文化素养、文化素质及知识技能，为繁荣乡村文化建设事业提供丰富的人才资源。政府要起主导作用，强化政策支持，通过优惠政策吸引高素质精英人才回流返乡，鼓励其参与乡村文化建设。此外，乡村文化建设要重视技能人才的开发，重视乡土文化能人、非物质文化遗产项目传承人的挖掘和培养，定期开展乡村文化传承发展相关培训工作。教育活动的开展一定要有连续性、完整性，要成体系，才能有利于文化人才队伍的建设
健全乡村公共文化服务体系	乡村公共文化服务是指以基层政府为主的公共部门提供的、以保障乡村居民基本文化生活权益为目的、向民众提供公共文化产品和服务的制度和系统。乡村公共文化服务体系是在文化层面推动乡村振兴战略的重要机制保障。乡村振兴战略规划中明确提出"按照有标准、有网络、有人才的要求，健全乡村公共文化服务体系"，提升其服务乡村居民的水平，对于筑牢乡村思想文化阵地、繁荣发展乡村文化、丰富乡村居民的精神文化生活、推动乡村文化振兴具有重要的作用

7.建立健全乡村文化建设机制

乡村文化建设的推进不仅需要村民的积极参与，更需要文化建设机制的保障。要做好乡村文化建设的统筹规划，建立健全文化建设机制，保证乡村文化建设沿着正确的轨道前行。

（1）高度重视，统筹规划

基层组织在思想上要对乡村文化建设的重要性有清晰明确的认识，要消除重经济轻文化的观念，加强乡村文化建设的统筹规划和宏观指导。要从宏观层面上对乡村文化建设进行整体规划，结合乡村实际，关注地区特色文化资源，形成适合地区的文化建设模式。乡村文化教育机制的建立，会使乡村文化建设在规划、投入、建设、运行、管理得到有效的保障，推动乡村文化建设的顺利进行。

（2）有效落实乡村文化建设相关政策

基层组织不能做政策的宣传者，要做政策的执行者，一定要高度重视政策的有效落实。要依据乡村文化建设、服务与管理等内容，制定出详细、清晰的评估指标，构建起规范的考核机制。还要搭建起现代化乡村文化建设的评估平台，既要便于广大乡村民众反映意见、建议，表达文化诉求，又要便于政府汇聚民意、及时反馈文化服务的成效，最大限度地管理、监督乡村文化建设的实效性。

（3）整合力量，多方参与

要改变政府单方面主导的行政化模式，根据当前乡村文化建设的现实需要，改革现行体制，将政府、社会、农民三方力量有效整合起来，构建以农民为主体，以政府为主导，社会广泛参与的文化治理体制，从而在乡村文化建设中实现有效协作。通过政府主导与多方参与的模式进行乡村文化建设，能够形成多方合力，发挥各方优势，高效推动乡村文化建设。基层部门一定要在乡村文化建设中找准定位，明晰职责划分，做到有统有分，落实到位，高效实施。

（十）为什么说乡风文明是乡村振兴的紧迫任务？

乡村振兴既要看农民口袋里票子有多少，更要看农民精神风貌怎么样。加强乡风文明建设，既是乡村全面振兴的重要内容，也是推动乡村全面振兴的重要保障。

一是乡村全面振兴的灵魂。在乡村振兴战略五个方面的总要求中，乡风文明蕴含丰富的文化内涵，坚持以社会主义核心价值观引领乡村文化建设，从根本上解决农民群众思想观念和精神面貌上存在的问题，是推动乡村全面振兴最基本、最深沉、最持久的力量。抓住乡风文明建设，就抓住了乡村全面振兴的关键。

二是为乡村全面振兴提供精神动力。实现乡村全面振兴的主体是广大农民群众，最终目的是农民群众素质的提高、乡村物质财富的增加和乡村社会的整体进步。推动文明乡风、良好家风、淳朴民风的形成，能够帮助农民群众树立发展信心，改变落后思想观念，主动摒弃陈规陋习，养成良好生活、行为习惯，正确处理"富脑袋"与"富口袋"的关系；能够帮助农民群众提高思想道德和科学文化等各方面素质，凝聚人心，提振精气神，调动其参与乡村全面振兴的积极性、主动性和创造性。

三是满足农民群众对美好生活向往的重要方面。追求科学文明健康的生活方式，渴望良好的人际关系和社会风气，希望生活在和谐安定、协调有序的社会环境，盼望享受到现代化文明成果，是广大农民群众的一致追求和愿望。只有促进乡风文明，才能顺应农民群众的愿望，满足精神需求，增强精神力量，丰富精神世界，促进农民群众素质的提高和乡村的全面发展。

四是为推动乡村全面振兴营造和谐稳定的社会环境。乡村全面振兴需要和谐稳定的乡村环境作保障，没有和谐稳定的乡村环境，乡村全面振兴也无法顺利推进。和谐稳定的社会环境，是乡村全面振兴的内在要求和重要保证，关系到乡村振兴的文明程度和质量水平，关系到农民群众的获得感、幸福感、安全感，是乡风文明程度最直接的体现。

（十一）建设文明乡风的着力点有哪些？

乡风文明，是乡村振兴的紧迫任务，重点是弘扬社会主义核心价值观，保护和传承农村优秀传统文化，加强农村公共文化建设，开展移风易俗，改善农民精神风貌，提高乡村社会文明程度（郑中华，2021）。

一是深入推进农村思想政治工作。深入开展习近平新时代中国特色社会主义思想学习教育，坚持用党的创新理论武装农村广大党员群众和"三农"干部，在学懂弄通、学以致用上下功夫。加强宣传党的路线方针和强农惠农富农政策，在农村开展主题出版物阅读推广活动。加强新时代文明实践中心建设，开展理论宣讲、政策宣传、价值引领、文化生活等多种形式的文明实践活动。加强乡村群众性思想政治工作，突出对农村社会热点难点问题的思想疏导，合理引导社会预期。深入开展"听党话、感党恩、跟党走"宣讲活动，引导广大农民群众坚定信心跟党走。

二是弘扬社会主义核心价值观。以社会主义核心价值观为引领，发挥农业农村部门与农民联系紧密、服务直接的优势，在做好惠农服务的同时加强思想道德教育，以真情暖人心，以服务聚民意。积极参与文明村镇创建，发现和宣传农民群众身边的道德模范和先进典型。深入挖掘优秀传统农耕文化蕴含的思想观念、人文精神、道德规范，发挥优秀农耕文化的道德教化作用，弘扬主旋律和社会正气，引导农民向上向善，倡导乡村文明新风尚，提振农民群众精气神。

三是推进农村移风易俗。指导制定或修订村规民约，充实婚事新办、丧事简办、孝亲敬老等移风易俗内容。在村党组织统一领导下，引导和鼓励村民委员会依据村规民约出台具体约束性措施，对红白喜事大操大办、不赡养老人等进行治理。规范村内红白理事会、老年人协会、村民议事会、道德评议会等群众组织运行，积极组织开展婚丧嫁娶服务、邻里互助和道德评议等活动。有针对性地开展舆论监督，坚决抵制婚丧陋习、天价彩礼、孝道式微和老无所养等不良社会风气。深化文明村镇和文明家庭创建，引导形成积极向上的社会风气，大力培育新时代中国特色社会主义乡村文明。

四是组织形式多样的群众文化活动。完善农村公共文化服务体系，深入推进文化下乡，广泛开展群众乐于参与、便于参与的文体活动。增强文化惠民的服务效能，为乡村提供更多更好的公共文化产品和服务。组织实施好中国农民丰收节，支持举办乡村丰收节庆活动，保护乡村文化多样性，打造一批特色丰收节庆、文化活动品牌。培育挖掘乡土文化人才，活跃繁荣乡村文化市场，丰富农村文化业态，进一步满足农民群众的文化和精神需求，促进人的全面发展，增强农民群众的获得感、幸福感。

（十二）乡村文化振兴的目标要求是什么？

文化振兴是乡村振兴的"铸魂"工程，在推动乡村全面振兴中具有重大意义。文化兴乡村兴，文化强乡村强。只有不断丰富乡村文化内涵，让乡土文化温润乡村"精气神"，才能让乡村焕发生机与活力，促进农业高质高效、乡村宜居宜业、农民富裕富足。

乡村振兴，乡风文明是保障，必须坚持物质文明和精神文明一起抓，提升农民精神风貌，培育文明乡风、良好家风、淳朴民风，不断提高乡村社会文明程度。中共中央、国务院印发的《乡村振兴战略规划（2018—2022年）》（以下简称《规划》）指出，实施乡村振兴战略是传承中华优秀传统文化的有效途径。中华文明根植于农耕文化，乡村是中华文明的基本载体。

实施乡村振兴战略，深入挖掘农耕文化蕴含的优秀思想观念、人文精神、道德规范，结合时代要求在保护传承的基础上创造性转化、创新性发展，有利于在新时代焕发出乡风文明的新气象，进一步丰富和传承中华优秀传统文化。《规划》就繁荣发展乡村文化强调，要坚持以社会主义核心价值观为引领，以传承发展中华优秀传统文化为核心，以乡村公共文化服务体系建设为载体，培育文明乡风、良好家风、淳朴民风，推动乡村文化振兴，建设邻里守望、诚信重礼、勤俭节约的文明乡村。要深入挖掘、继承创新优秀传统乡土文化，把保护传承和开发利用结合起来，赋予中华农耕文明新的时代内涵。

乡村文化振兴的目标是，在2022年乡村优秀传统文化得以传承和发展，农民精神文化生活需求基本得到满足。到2035年，乡风文明达到新高度。到2050年，乡村全面振兴，农业强、农村美、农民富全面实现。

第三节 乡村文化振兴瓶颈分析

一、当前乡村文化建设面临的困境

进入21世纪以来,随着新农村建设、美丽乡村建设、乡村振兴战略的稳步推进,乡村正在发生着前所未有的变化,乡村文化建设也在不断推进中,广大乡村居民不仅在生活上逐渐得到了保障,在文化、精神层面上也日益丰富。但是,不可否认的是,在逐步推进乡村文化建设的过程中,仍面临着一些问题。尤其在当前社会现代化程度快速推进、城镇化进程不断加快的现实情况下,乡村文化面临着发展水平相对落后、乡村传统思想道德难以延续、文化建设主体缺失、乡村公共文化服务体系不健全、文化建设机制不完善等问题。

(一)乡村文化相对落后,需要输入新理念

随着城市化进程的不断加快,乡村文化面临着城市文化和外来文化的双重结构。乡村文化在现代化的过程中被贴上"落后"的标签,在城乡发展不平衡的情况下,乡村文化落后于经济发展,乡村文化振兴迫在眉睫。

首先,伴随现代化的推进、城市的快速发展、市场经济的渗透,城市文明受到追求,乡村传统价值观和道德观受到一定影响。外来价值观念、思维方式及生活习惯大量涌入乡村,传统美德、乡土文化的生存空间被挤压,日益消解农民对乡村文化的价值认同。加之有的农民文化水平较低、从众心理较强、辨别是非能力较弱,在多元文化交织作用下,很难坚守自己的思想阵地,这些深深地影响着

乡村文化建设。

其次，传统落后观念依旧盛行，有的农民深受封建主义思想的影响，坚持一些旧习陋习。某些乡村地区迷信盛行，崇拜、迷信某种虚幻的超自然的东西，成为科学和进步的对立面，危害社会的安定和进步。低俗文化在有的乡村呈蔓延之势。低俗文化对农民传统朴素的价值观造成严重冲击，对农民精神世界造成了严重污染。低俗文化产品极大地破坏了社会的公序良俗，颠覆乡村淳朴的民风乡俗，败坏社会风气，违背法律法规，对乡村社会造成不良影响。

最后，随着城市化进程的不断加快，城乡经济发展的现实差距导致大量的农村青壮年人口外出务工或外出上学，带来了乡村的"空心化"。乡村人口空心化使乡村成为了"留守"的乡村，乡村文化的传承与发展也面临着代际断裂的问题。城乡二元结构的存在导致城乡文化差距的拉大。加之当前文化传播的媒介和载体已经得到跨越式发展，科技的快速发展给乡村文化的发展带来了严峻挑战，乡村文化难以跟随新颖的文化发展模式的步伐且难以实现新的发展。

1. 乡村传统思想道德难以延续

乡村精神文明建设是一个系统工程，既包括有形的文化建设工程，如乡村文化基础设施建设、乡村文化遗产保护与合理开发运用等，还包括乡村思想道德建设的"铸魂"工程。随着城市化进程的不断加快，功利主义、拜金主义等不良社会风气在农村甚嚣尘上，父慈、子孝、兄友、弟恭的良好家风家训面临挑战，铺张浪费、盲目攀比等陈规陋习在一些农村泛起，对当前乡村文化建设造成极大的阻碍。

2. 中华优秀传统美德在乡村的弱化

中华优秀传统美德是历经历史的洗礼后沉淀下来的对人与人、人与社会、人与自然关系的和谐稳定起到调节、缓和作用的道德遗产。乡村社会的和谐稳定与有序发展需要以乡村广大民众思想道德素质的提高为基石。但是，今天的有些乡村民众失去了原有的精神依托，受到一些错误思想的腐蚀，过度追求自身利益最大化、讲求个人主义、追求自由主义而缺乏社会责任意识，导致中华优秀传统美德在乡村弱化。

3. 传统优良家风家训在乡村的式微

家是最小"国",国是千万家,家国两相依。良好的家风家训是形成社会淳朴民风、文明乡风的根基,也是我们立世做人做事之根基。家风是一种无言的教育、是一种道德的力量。但是当今的中国农村已经改变了传统的家庭居住形式,鲜有祖孙三代或者四世同堂的情况出现,多以核心家庭为主,且在家庭中孩子讲求独立自主、追求自由,这使得需要在耳濡目染的熏陶中传承的优良家风家训失去了赖以生存的基础。

4. 外来和固有陈规陋习在乡村的泛起

随着中国经济实力的不断提升,广大乡村居民经济收入水平不断提高,物质生活得到满足之后有了更多财富和更多的空余时间,但是有的乡村精神文明建设并未同步发展,这就导致封建迷信、鬼神观念在部分农村地区复苏,沉渣泛起,其中既有个人盲目求神拜佛、烧香许愿等自发行为,也有部分人利用农民的封建迷信思想进行驱鬼治病和占卜算卦等活动,骗取钱财、牟取利益。特别是一些带有封建迷信的落后观念和一些陈规陋习仍然存在,部分村民对宗教信仰不够理性,盲目信教,笃信"神灵",看风水、占卜算卦、烧香拜佛、婚丧嫁娶的大操大办等活动盛行。另外,一些外来文化中不健康内容也加剧了一些乡村不良风气的形成。

(二)文化建设主体缺失,人才队伍需壮大

人是乡村文化建设过程中必不可少的要素之一,乡村文化建设,人才是关键。党的十九大提出实施乡村振兴战略以来,中共中央在2018年、2019年和2020年的中央一号文件和《乡村振兴战略规划(2018—2022年)》中都对壮大乡村人才队伍提出了明确的要求。尤其是随着乡村振兴战略的深入推进,乡村建设就需要更多的各方面各领域的人才来助力乡村振兴战略的推进。但当前乡村文化建设过程中,在主体和人才队伍方面仍面临严重的问题,急需激发建设主体的主动性,壮大文化建设人才队伍。

在城市化迅速发展的影响下，农村人口大量向城市转移，使得大多农村的人口结构都发生了变化，青壮年大多离开农村，农村人口老幼化非常严重。人口流动带来乡村空心化，进而衍生出乡村文化建设主体的空心化。文化建设主体的流失与缺失，使得乡村文化建设失去了内在的动力与生机。农村人口老幼化对于开展乡村文化建设是十分不利的。老龄人口普遍学识不高，思维较为僵化，对于文化活动绝大多数都是持拒绝态度，且老龄人口受旧思想、封建文化的影响，不易接受新的观点、知识。农民对于文化的消极态度使得乡村文化建设难以得到创新发展，甚至有些地方连基本文化建设都难以推进。

当前农村人口尤其是年轻人口和高素质人才向城市大幅流动，导致乡村文化建设人才凋敝，严重影响了乡村文化建设的持续发展。人才流失比较严重，人才稀缺，加之基层部门各方面条件待遇相对较差，人才引入难度较大，专业文化人才断层和老龄化情况较为普遍，使得文化活动难以进行，文化管理服务难以开展。不少传统文化项目虽有政策支持，但仍面临无人传承的尴尬处境，传统优秀文化难以得到继承发展，面临失传危机。乡村文化人才不足，成为乡村文化建设的一大难点（覃志蓉，2021）。

（三）乡村公共文化服务体系不健全

乡村公共文化服务建设作为乡村振兴战略的重要组成部分，旨在为广大民众提供适宜的文化产品和服务，以保障乡村居民的基本文化权益。完善乡村公共文化服务体系有利于打造文明乡村，为乡村振兴战略的全方位推进提供保障。但目前乡村公共文化服务体系不健全，在文化建设过程中难以发挥其有效作用，并阻碍乡村文化建设的进程。

1. 乡村公共文化服务政策是否有效落实到位有待进一步确认

党和国家对于乡村公共文化服务建设给予了高度的重视，2018年中央1号文件《中共中央国务院关于实施乡村振兴战略的意见》就对健全乡村公共文化服务体系、优化公共文化产品和服务提出了明确的要求。但是，部分地方在构建乡村公共文化体系时缺乏实地调查分析及研究，存在僵化执行政策的现象，使乡村公共文化服务体系的建立脱离农村实际，乡村公共文化服务体系最后成为能看不能用的样本，难以发挥实际作用。

2. 乡村公共文化服务基础设施不够健全

部分基层政府把建设重心偏向于经济，对于乡村文化建设重视不足，直接表现就是投入不足，乡村基础文化设施建设不完备，缺乏公共文化场所，缺乏文化服务功能，难以满足农民文化需求，使得乡村文化活动严重受限，不能吸引农村人口参与文化建设，更不能激发其参与文化建设的主动性，乡村文化建设基础设施不足会阻碍乡村文化建设的发展。

3. 乡村公共文化产品和服务供需不平衡

一方面，政府的文化供给形式和内容过于单一，难以调动农民参与的积极性和热情，另一方面，文化供给者没有充分了解广大民众的文化需求，供给与需求之间匹配度低，现有的文化服务难以满足农民的文化需求。公共文化没有发挥其应有的功能，正面临较严重的功能性失灵问题。

4. 乡村公共文化服务体系不健全

当前部分基层政府在构建乡村公共文化体系方面缺乏合理有效的安排，使得乡村公共文化服务体系在一定程度上出现流于形式、管理模式固化、设施配置落后、文化服务内容单一的问题，使得公共文化服务功能得不到发挥。加之部分地区的乡村公共文化服务体系缺乏有效管理，出现基础设施配置落后等问题，使得文化活动严重受限，文化服务功能不足。乡村公共文化服务体系的不健全使得公共文化服务没有发挥其应有的功能，导致乡村文化建设的进程大大受阻，效果也大打折扣。

（四）文化建设机制不完善

"党的农村基层组织是党在农村全部工作和战斗力的基础，全面领导乡镇、村的各种组织和各项工作。"农村基层党组织是确保党的方针政策在农村得到贯彻落实的领导核心。乡村文化工作与经济社会工作一样，都离不开农村基层组织的具体推动和执行。但在实际乡村建设中，因为文化在乡村发展中一直处于边缘地位，乡村文化建设不受重视，乡村文化建设机制有待完善。

在实际推进乡村文化建设中，有的基层组织对乡村文化建设的地位认识不足，存在重经济轻文化、重眼前轻长远的现象。一些地方的发展规划并没有列入文化建设或者文化建设的财政支出项目极少，使得文化建设难以实现发展。部分地区缺乏整体规划和科学谋划，或者在规划时只考虑经济因素，乡村文化建设规划未能与乡村具体情况相结合，脱离了乡村发展实际，文化建设存在同质化的问题（戚迪明 等，2019）。对地方特色资源的结合与利用被忽视，特色文化资源流失，各地文化建设模式千篇一律，加之地区实施力度不强，文化建设难以达到预期效果。

当前乡村文化建设全权由一些地方政府把控，脱离农民建设主体，实施自上而下的建设路径，由政府单方面主导的行政化模式，忽视农民需求，弱化了农民的主体地位，造成文化建设缺乏内生动力。供需不匹配使得乡村文化建设难以有实质性的发展。当前文化建设的一些管理人员和工作人员存在专业素质低、消极怠工等现象，文化建设缺乏监管，加之管理和监管机制的不健全，文化建设难以发挥其服务群众、引导群众、教化群众的作用，文化建设成效不佳。此外，某些地区基层部门没有明晰各部门职责，存在多部门参与乡村文化建设现象，造成各部门责任不明确，互相推诿。一些乡村文化建设机制不完善，政府缺乏统筹，落实不到位，使得文化建设难以得到成效。乡村文化建设在规划、投入、建设、运行、管理上缺乏有效的体制机制保障，乡村文化建设效益几乎没有发挥出来。

二、乡村文化振兴面临的现实问题

（一）公共文化服务基础薄弱

长期以来，受城乡二元结构的影响，我国城乡之间的公共文化服务体系建设明显不同，造成了城乡之间的较大差距，乡村公共文化服务基础明显薄弱。当下，乡镇文化站、农家书屋是乡村普遍的文化服务机构。因地区经济社会发展的不平衡性，这些乡镇文化站以及农家书屋的建设水平和服务能力十分有限，公共文化服务功能难以有效发挥。据调查了解，很多乡镇文化站图书馆及农家书屋成为"展示性"场所，没有专设人员管理，没有建立规范的管理和开放制度，公共文化服务阵地形同虚设。部分基层工作人员思想观念仍跟不上时代潮流，没有认清基层图书馆在乡村文化振兴中的重要地位，对基层文化建设重视程度不足。基层公共图书馆资金保障水平低，政策难落实、制度难规范、人才难扎根，"空心化"现象较为严重。据统计，国内一些县级公共图书馆仅工资福利等基本支出已超出年财政预算水平，办公活动经费更少之又少，国家所倡导的县级图书馆总分馆制一时还没有提上日程（齐光宇，2022）。

（二）乡村居民文化程度普遍较低

乡村基础教育远远落后于城市。国家统计局第七次全国人口普查公告显示，在农村劳动力中，初中及以下文化程度的占87.8%，高中及中专文化程度的占11.7%，大专以上文化程度的只占0.52%。基础教育薄弱导致乡村居民受教育水平较低，文化程度不高。传统的生存环境，导致乡村居民普遍缺乏学习习惯。经过高强度的农业劳作后，乡村居民更倾向于在闲暇时间选择休息或棋牌等娱乐活动，"读书无用、学习无用"的错误观念在很多乡村居民头脑中仍根深蒂固。落后的观念、弱化的学习意识和学习能力，导致很多乡村居民习惯于"日出而作，日落而息"的生活，主动接受新思想、新观念、新知识、新事物的意识和能力偏低。党的十八大以来，我国公共文化服务体系建设不断向基层、向乡村延伸和辐射，持续加大对乡村文化基础设施建设的投入力度，相继开展了"农家书屋工程""电子阅览室工程"建设，但这些工程建设缺乏持续发展能力，乡村居民对这些基础文化设施的利用率也十分低下，建设效益难以显现。薄弱的文化教育基础，导致乡村居民对文化知识普遍缺乏必要的理解、利用和转换能力，难以独立将文化资源有效转化为实际生产力，信息资源的利用效率始终处于较低水平。

（三）文化帮扶工作精准度不够

2018年中共中央、国务院发布《乡村振兴战略规划（2018—2022年）》，要求健全乡村公共文化服务体系，推动县级公共图书馆总分馆体系建设，推进农家书屋延伸服务和提质增效。近年来，在乡村脱贫攻坚的实践中，文化扶贫也取得了一定的成效，但乡村公共文化服务依然存在很多问题。其原因在于缺乏文化帮扶的精准度，具体表现为：一是缺乏系统化的文化帮扶规划。各省（区、市）图书馆都在积极开展文化帮扶工作，但在后续维护、运营管理、效益反馈、考核评价等方面，并未建立标准、规范的长效机制，制约了乡村公共文化服务体系的整体建设与发展。二是粗放式文化帮扶问题突出。地域差异化是乡村地区的重要特征，只有精准识别乡村群众的文化需求，合理调整资源结构，实事求是地开展帮扶工作，才能提升公共文化服务的效能。例如，在山西吕梁地区的调研中，大部分村民表示，即使通过手机、电视接收到讲座信息，仍然是晦涩难懂、无法接受；一些工作人员缺乏农业常识，将水田农作物种植讲座推送至沙土地区乡村，造成资源浪费。在乡村文化帮扶实践中，一些帮扶单位缺少深入调研和科学规划，帮扶内容未能真正体现乡村群众的现实需求，难以达到帮扶的效果。

第三章

图书馆助力乡村文化振兴的路径

乡村振兴需要发挥文化的引领作用，从乡村振兴的角度探讨乡村公共图书馆建设的途径，具有重要的实践意义。公共图书馆是中国公共文化服务体系建设的重要组成部分，乡村文化的振兴是实现乡村全面振兴的重要抓手（杨晓燕，2022）。公共图书馆精准服务的开展，将有力加强村级图书馆文化建设，在弘扬中华优秀传统文化、丰富文化娱乐生活、提高农民职业素养、传播科技信息等方面发挥积极作用。同时，有利于实现乡村图书馆的可持续性发展，有利于缩小城乡文化差距，有利于精准扶贫目标的实现，是繁荣发展乡村文化的重要途径（严毅，2022）。

本章主要探讨图书馆助力乡村文化振兴的路径，包括高校图书馆助力乡村文化振兴的路径、乡村图书馆助力乡村文化振兴的路径、乡村图书馆与留守儿童教育、乡村图书馆与乡村人才培育、乡村图书馆与文明乡风民俗的培育以及乡村图书馆与乡村综合治理，为读者提供参考和借鉴。

第一节 高校图书馆助力乡村文化振兴的路径

乡村文化振兴是乡村振兴的灵魂，也是乡村振兴的重要组成部分，只有深入开展乡村文化振兴，才能够营造出乡村良好风尚、良好知识学习氛围，践行"精准文化扶贫"战略，有效推进乡村振兴战略实施。高校图书馆在乡村文化振兴事业中具有重要价值。高校图书馆具备丰富的馆藏资源，包括图书、期刊、信息资源、在线课程、科研成果库等，是高校信息中心和知识储备库。随着高校在乡村振兴战略中价值与贡献的提升，高校图书馆因其知识资源丰富的特点，应发挥出更大的作用，为农村文化传承、文化氛围渲染、农业知识服务提供优质资源和信息保障。高校图书馆承担的社会责任，也要求其在乡村文化振兴服务中发挥重要价值。

《中华人民共和国国民经济和社会发展第十四个五年规划和2035年远景目标纲要》指出，"我国已转向高质量发展阶段"。经过图书馆界的不断努力，"十一五""十二五"和"十三五"时期我国图书馆事业发展取得显著成效，高质量发展成为我国图书馆学与图书馆事业发展的新主题（王雄青 等，2022）。

地区高校图书馆作为地区文化信息资源的汇聚中心，服务地区经济、文化、教育发展是其不可推卸的社会职责。在区域协调发展理念指引下，地区高校图书馆助力乡村文化振兴大有可为。地区高校图书馆利用自身资源、人才、技术等优势，可以有效化解地区农村在乡村文化振兴大业中遭遇的困难和问题，切实促进乡村文化振兴的实施。

一、高校图书馆服务乡村文化振兴的优势

(一) 文献资源优势

高校图书馆的馆藏资源决定了高校文化文明建设高度。高校图书馆的建设水平与高校内部管理、综合水平、人文底蕴有着紧密联系,所以高校都会定期丰富馆藏资源,展现出高校自身的综合文化水平。高校图书馆当中会存在诸多涉农、文化类的馆藏书籍,其中涵盖了诸多学者的最新研究成果,这些馆藏资源在乡村文化建设层面具备极大价值,可以为乡村文化建设工作提供强大数据信息资源保障,真正落实精准化的文献资源服务。结合具体的情况分析,高校图书馆馆藏的图书、科研成果材料非常丰富,资源优势极大,可以系统化推进乡村文化振兴事业。当前很多高校都设置了与农业相关的图书与科研资源内容分类,高校图书馆资源中涵盖了作物学、植物学、遗传学、作物遗传学、繁殖学等诸多与农业发展相关联的领域。将高校图书馆引入乡村文化建设过程,有利于培养现代职业农民,在优化人才结构的基础上,展现出高校图书馆的丰富馆藏资源优势。

(二) 人才资源优势

高校图书馆服务乡村文化振兴还具备一定的人才优势,高校图书馆馆员都是经过层层选拔、具备专业素质的人才,学历高,可以熟练掌握图书馆管理、思想知识传递等诸多技能,并且还具备专业的信息检索能力,在计算机信息技术和外语技术层面也具备扎实素养。将高校图书馆服务引入乡村文化振兴全过程,可以借助专业图书馆管理人员的人才资源,向农村输入最新思想价值观念和农业技术,将新技术、新观念引入农村,在精准服务工作实施的基础上,展现图书馆人才优势。在乡村文化振兴服务之前,高校图书馆专业人才还会对该地域背景情况进行深入调查分析,针对农村特色地域文化、涉农需求等进行有针对性地分析,明确乡村文化振兴的重点难点,并且与本地文化振兴相关部门工作人员开展高质量、有针对性的交流,尽量为科学服务提供精准化指导,真正借助高校图书馆人

才的价值和力量,为乡村文化振兴事业稳定发展作出贡献。

(三)技术资源优势

技术资源优势也是高校图书馆服务乡村文化振兴的关键,高校图书馆在长时间的实践优化之下,构建出了先进的服务系统、服务体系,可以确保服务更加到位。此外,当前高校图书馆还开展了信息化、数字化活动,能够契合当前互联网时代发展脉络,构建数字图书馆,这样便可以有效突破传统纸质图书馆的时间空间上的局限,更加方便广大师生进行数据资源浏览与下载,提高知识利用效率。高校图书馆可以为乡村文化振兴提供强大的技术支撑,在乡村构建出数字图书馆,让广大农民足不出户便可以获取最新的文化知识、技术知识,打破传统图书馆时间空间的局限性,通过实体图书馆和数字网络图书馆双重途径,促使乡村文化振兴事业蓬勃发展,满足不同农户实际文化知识需求,实现乡村文化振兴综合发展,为乡村文化振兴提供技术资源支持。

二、高校图书馆服务乡村文化振兴的功能

(一)有利于搭建乡村文化阵地

高校图书馆服务乡村文化振兴的过程中,可以结合自身丰富的馆藏资源优势,在农村开设农村图书屋或者乡村图书室,丰富广大农民群众业余生活,将先进的思想价值观念贯彻到思维意识当中,营造出良好文化氛围。此外,高校图书馆在服务的过程中,还可以定期开展多种针对农村的教育指导,不断完善农村书屋的规章管理制度,提升农村书屋的制度化水平。一些涉农高校的图书馆管理人员还可以积极参与农村的文化培训工作,深入挖掘农村的特色文化资源、非物质文化遗产资源,并整合多种产业,让农村特色文化具备产值力量。根据农村的文化市场需求进行分析,在高校图书馆服务的稳定扶持之下,稳固农村的文化阵地,为乡村文化振兴事业奠定扎实基础。

（二）有利于培养农民健康生活方式

在高校图书馆服务的过程中，可以结合乡村实际情况进行精准文化服务，认真贯彻落实乡村文化振兴要求，对农村的生活方式、文化思想氛围进行合理调整优化。充分利用广大农村群众的好奇心，借助实体农村书屋、多元化多媒体平台、数字图书馆等诸多方式，向广大群众传递正确、积极向上的思想价值观念。将新闻资讯、扶贫政策、农业科技、优秀文化作品等向广大农村的群众传递，真正促进扶贫政策、乡村文化振兴事业稳定运行。高校图书馆提供的服务可以帮助广大村民开阔眼界，认识到当前社会的发展趋势及党和政府对广大群众的扶持关爱，激发广大村民热爱祖国、热爱社会、热爱生活的正能量，促使村民掌握健康生活、高效生产的技巧，为培养广大农民健康生活方式助力。

（三）有利于强化农民文化技术知识

在"乡村振兴"的大背景之下，高校图书馆在开展乡村文化振兴工作的过程中，应该将新技术、新知识、新经验传递给广大村民。借助高校图书馆服务，帮助广大群众掌握先进文化知识，不断提升广大群众的文化素养和专业技术水平，让每个村民都有机会学习知识、掌握最新的农技知识，稳定促进农村地区生产技术水平、科学文化水平不断提升。高校图书馆在开展服务工作的过程中，可以结合当地群众的实际情况，积极引导广大农村群众参与乡村文化振兴事业，定期开展一些专业性的知识讲座和文化宣传活动，让更多群众主动参与先进文化宣传事业，为乡村文化振兴和乡村经济建设助力。

（四）有利于践行国家扶贫政策方针

一直以来，"三农"问题是我国社会发展非常注重的问题之一，解决"三农"问题是促进我国发展振兴的关键。高校图书馆服务承担着国家扶持政策宣传、国家政策方针落实等重要任务。在高校图书馆服务的引导之下，广大农民可以更加深入了解国家政策方针的内容和实际意义。高校图书馆结合农民们的实际需求，讲解惠农政策、扶贫政策的实施方法，真正让广大农民感受到来自党和政府的温暖。通过高校图书馆服务带动国家方针与惠民政策在农村的传播，真正激发广大群众对乡村振兴事业的积极性和内驱力，强化乡村振兴的民心向心力。此外，高校图书馆服务工作还能够为农村社会治理工作提供帮助，在基层党员干部和群众之间搭建起和谐的桥梁，在正确文化思想价值输出的过程中，让广大农民更加拥护基层党支部的领导，营造出和谐、稳定的基层管理组织氛围，确保乡村振兴事业稳定、和谐发展。

三、高校图书馆服务乡村文化振兴路径

（一）构建完善机制，稳步服务乡村文化振兴

从客观角度看，高校图书馆服务乡村文化振兴属于深化产教融合的生动体现，所以想要确保高校图书馆服务质量，就应该建立健全高校图书馆服务体系。高校应该正确看待图书馆服务的价值，构建出一支专业的队伍深入扎根农村，深化产教融合，借助工学结合的方式，为高校图书馆服务乡村振兴事业源源不断地提供良好基础保障。深入推动高校产教结合纵深发展，契合当前乡村文化需求，充分利用好高校图书馆的技术资源、馆藏资源、人才资源，为高校图书馆服务搭建起良好氛围和共识。协调农村的政府部门，协调高校图书馆服务工作，确保高校图书馆服务工作有序、稳定实施。落实农村政府部门的责任和高校图书馆服务责任，在明确的权力责任分配之下，确保高校图书馆服务工作稳定实施。高校图书馆服务乡村文化振兴，不仅需要将正确的思想价值观念、文化知识传递给广大农民，还应该延伸文化知识外延，将科学技术、农科技术知识、最新政策优惠等诸多内容，传递给广大农民。从长远角度出发，结合农村的实际情况，制定出短期、中期、长期乡村文化振兴目标。在明确的高校图书馆服务制度保障之下，源源不断地为农村地区的乡村文化振兴事业提供技术支持、人才支持、馆藏资源支持，在拓展高校图书馆影响力的基础上，稳步开展乡村文化振兴服务。

（二）建设乡村图书室，营造良好文化氛围

相比之下，农村的文化生活比较匮乏，文化氛围也比较淡薄，不利于乡村文化振兴事业发展。所以，高校图书馆必须展现出自身文献资源优势，借助得天独厚的图书资源、文献资源，补充农村的图书资源。真正发挥文化传播、精神文明传播的服务功能，真正为农村文化事业发展助力，在农村建设农村图书室，定期开展阅读推广活动，切实有效地提升广大群众的整体素质，丰富广大群众的精神文化生活。结合农村的特色文化内涵，借助多种形式、多种类型的数字图书资源，向广大农民开放数字化图书馆平台，这样农民便可以借助手机电脑随时随地获取先进知识与文化，提升图书资源利用效率。此外，还可以开设农村图书室公众号，定期向广大农村农民推送书籍和最新的农业知识与农业技术。真正结合农村的实际情况，构建出适应当地文化与服务体系的文化知识传播体系，潜移默化地帮助广大农民朋友养成阅读习惯，突出阅读理念并且推动社会主义文化的发展。

（三）做好人才保障，输出高质量学生

高校图书馆服务乡村文化振兴工作的开展需要大量人才支撑，所以必须持续不断地输出人才，确保乡村文化振兴各个环节工作稳定实施。加大高校人才输出，在锻炼学生实践工作能力的基础上，确保高校图书馆服务具备良好的人才支撑。大学生作为高素质群体，不仅可以实现知识搬运，还可以实现文化传递，在开展高校图书馆服务时，可以充分借助大学生人才的力量，借助"产教结合"的方式，让广大学生参与高校图书馆服务工作，促使乡村文化振兴工作稳定、高质量实施。为真正解决"三农"问题，应该引入人才资源，带动起学生们进行农村建设的积极性，用优秀人才支援农村，促进高校多元化、实践型人才培养，在专业人才支撑下，促进农业技术、农业研究、养殖技术向农村传递，为乡村振兴事业稳定发展奠定人才基础。

（四）搭建信息化平台，强化农民知识技术培训

在互联网和信息化技术不断发展的当下，信息化水平有所提升，智能手机广

泛应用、移动网络技术比较成熟，当前大部分农村的群众能够使用智能手机进行网上活动。在高校图书馆服务的过程中，为更好地将先进的农业知识、生产技术、现代化思想引入乡村文化振兴事业中，有必要科学合理地搭建起信息化农民知识培训平台，让广大农民具备接受教育、培训的公平机会，打破传统时间空间局限，足不出户也可以掌握最新的农业技术知识。

高校图书馆服务工作应该充分展现自身的数据资源优势、技术优势，定期借助直播、微信课堂等诸多模式，将最新的农业知识传递给每一位农民，强化技术指导，做到真正结合农村发展实际，杜绝形式化文化服务，将浅显易懂、真正有效的知识技术融入技能培训，借助高校图书馆文化服务信息平台，促进乡村振兴事业稳定发展。

高校图书馆作为社会重要的思想文化宝库，在当前社会背景之下，必须大力服务于乡村文化振兴事业。借助高校图书馆的服务功能，完善乡村图书馆，将现代化思想、技术、先进的思想理念延伸到农村地区，营造出农村地区良好的文化氛围，潜移默化地帮助广大农民培养热爱知识、热爱文化、热爱学习的良好风貌。切实展现出高校图书馆的服务价值，在丰富广大群众精神文化世界的基础上，引领广大农民共享高校图书馆优秀资源，为促进乡村文化振兴事业发展奠定良好基础。

四、涉农高校图书馆助力乡村文化振兴精准服务的路径

（一）解读本地文献资源需求，突出资源服务精准性

涉农高校图书馆在参与乡村文化振兴建设发展服务工作的过程中，为了全面提高服务工作的精准性，以精准服务促进服务效能的全面提升，在实际工作中就要重点针对本地文献资源进行系统分析，制定合理、精准的服务方案（赵娟，2022）。

在实际工作中，要全面加大调研工作力度，及时掌握不同用户的需求特点和服务变化特点，制定个性化的服务方案。在此过程中，要注意组织开展精准阅读服务工作，涉农高校图书馆要针对农村文化振兴方面的资源需求情况进行全面系

统分析，在准确定位文献资源需求的基础上对馆藏文献资源进行整合，积极开展图书下乡推送服务，在丰富农村群众基层文化生活的基础上，营造良好的工作氛围。

在此基础上，要依托图书馆丰富的文献资源优势，做好市场调研工作，重点分析农民群众在市场营销、种植养殖、经济管理等方面的多元化文化服务需求，尽量组织开展有针对性的、高效性的服务工作，促进服务效能的提升，保障向农村群众传递文化信息的高质量。此外需要注意的是，要重点组织开展个性化服务定制和主动化服务工作，综合分析用户需求的变化，创新服务工作内容，让每个用户都能结合自身需求获取资源服务。在一站式文献资源服务的支撑下强化服务的精准性，有效促进农村文化振兴服务工作的高效化开展。

（二）分析乡村振兴总体规划，突出政策引导服务精准性

乡村文化振兴建设是乡村振兴建设体系中的重要组成部分，文化振兴建设工作的开展能赋予乡村振兴建设良好的内生动力，提高乡村振兴建设的综合效果，加快乡村治理能力现代化建设的整体水平。

在开展乡村文化振兴建设工作的过程中，发挥涉农高校图书馆的价值和作用，图书馆就可以重点针对本地区范围内的乡村文化振兴总体规划进行分析，对方针政策等实施全方位解读。根据乡村文化振兴建设的规划确定精准的服务内容，确保能使精准服务工作的开展与相关政策高度契合。按照政策导向积极参与到文化振兴建设发展实践中，为文化大院、农家书屋的建设提供支持，促进农村地区科技文化建设工作的全面创新。

（三）构建人才联合培养体系，强化人才支持服务精准性

涉农高校图书馆精准服务乡村振兴建设工作，能通过人才支持、精准服务工作的开展提高乡村文化振兴的助力效果，使乡村文化工作的开展形成良好的发展效能。一般情况下，涉农高校图书馆具备高素质人才支持，图书馆按照各地区乡村振兴建设工作的实际情况对服务工作进行设计和优化，形成人才队伍优势，提

高精准服务效果。

  首先，涉农高校图书馆配备具有高素质的且专业的农业知识教师队伍，可以有意识地对涉农专业人才培养工作的开展提供相应的服务，提高综合服务的水平，促进乡村振兴文化服务团队体系的构建，突出服务的专业性和有效性。其次，按照乡村文化振兴需要，涉农高校图书馆可以重点与涉农企业建立良好的合作关系，构建双创人才培养模式。在校企支撑下组建农村志愿者服务队伍，精准服务农村振兴建设需求，帮助农民群众解决生产和运营管理方面遇到的实际问题，以人才的实际参与推动乡村振兴建设的发展。最后，涉农高校图书馆积极促进乡村振兴成果的转化，在参与乡村文化振兴建设的过程中可以构建产业研究中介体系和对接服务平台，助力乡村地区产学研成果的成功转化，为乡村文化振兴建设提供良好的技术支持和智力支持，显著提高乡村文化振兴建设。

  涉农高校图书馆是助力乡村振兴建设的重要力量，新时期在全面推进乡村振兴建设的过程中，开发探索图书馆更加精准的服务体系功能，能为乡村振兴建设提供良好的支持，全面提升乡村文化振兴建设发展的总体效果。因此，新时期涉农高校图书馆在建设发展过程中，要从精准服务乡村文化振兴的角度，设计和开发服务模式，有效彰显涉农高校图书馆的服务优势，带动我国乡村文化振兴取得更加良好的发展成效。

第二节 乡村图书馆助力乡村文化振兴的路径

在新征程上,积极推进农村文化建设,持续营造优质的精神文化氛围,为广大农民提供高质量的精神食粮,是推动乡村文化振兴的应有之义。乡村文化的繁荣,乡村精神生活的丰富可以从两个方面进行思考。一方面,需要在乡村展开形式多样的文化文艺活动,如大家所熟知的文化文艺下乡、文化志愿服务等活动,让农村居民共享越来越多的高质量文化资源。另一方面,大力发挥公共图书馆的职能优势,运用村民大讲堂、农民议事厅、道德讲座等公共阅读活动,潜移默化地让广大农村居民全身心投入到乡村文化振兴的时代洪流中去(严毅,2022)。

公共图书馆作为文化公益性服务机构,在缩小城乡公共文化服务发展差距、推动乡村振兴方面责无旁贷(李艳春,2021)。作为乡村公共文化服务体系的组成部分,乡村图书馆的高质量发展对乡村文化振兴具有积极重要的意义。乡村图书馆是乡村振兴战略的重要推手和乡村文化振兴的主阵地、乡村建设智力支持的主要载体、乡村社会稳定的重要保障,也是乡村经济建设、文明建设、培养新时代乡村群众和保障乡村群众文化权利的重要利器(李超,2022)。

一、乡村图书馆与留守儿童教育

(一)乡村图书馆参与留守儿童教育的必要性

随着乡村振兴战略的实施,我国广大农村如何实现又快又好的发展,需要面对很多复杂的问题,其中较为突出的问题之一就是留守儿童的成长问题。农村儿童特别是留守儿童的文化教育和文化服务是乡村文化振兴的重要内容，能够为乡村振兴发展提供人才储备，直接关系到乡村振兴的发展水平。如何处理社会转型期留守儿童群体的成长问题，是乡村振兴中绕不开的难题，也是实现乡村全面振兴的关键，而对于留守儿童与乡村振兴战略的融合研究，也将在一段时间内成为政府和学界必须予以关注并重点解决的课题（陈祥猛，2020）。乡村振兴，文化先行。乡村振兴战略为乡村发展提供了新的机遇和有利环境，乡村文化振兴又是乡村振兴中的一个关键环节，而有效地解决留守儿童的发展问题对乡村振兴具有重大意义。

1. 落实乡村振兴战略的应有之义

中共中央、国务院印发的《乡村振兴战略规划（2018—2022年）》指出，要发挥县级公共文化机构的辐射作用，加强基层综合性文化服务中心建设，实现乡、村两级公共文化服务全覆盖，提升服务效能。我国要巩固拓展脱贫攻坚成果，在文化服务层面应通过乡村文化振兴巩固和延续文化扶贫成果。农村儿童特别是留守儿童的文化教育和文化服务是乡村文化振兴的重要内容，能够为乡村振兴发展提供人才储备，直接关系到乡村振兴的发展水平。为此，各级公共图书馆要关注留守儿童需求，开展形式多样的留守儿童服务，助力乡村振兴战略的有序实施。

2. 完善公共文化服务体系的重要环节

《中华人民共和国公共文化服务保障法》《关于加快构建现代公共文化服务体系的意见》《国家基本公共服务标准（2021年版）》等法规政策的出台为建设公共文化服务体系提供了依据和保障。现阶段我国城乡公共文化服务发展仍不均衡，推进城乡公共文化服务体系一体化建设是当前完善公共文化服务体系的重要环节。关注和推动面向农村留守儿童的文化服务是各级公共图书馆的重要职责和任务，有利于推进和实现基本公共文化服务均等化、普惠化、标准化。

3. 帮扶留守儿童健康发展的必然要求

数据显示，截至"十三五"末，我国有农村留守儿童643.6万名。留守儿童主要由祖父母和外祖父母照顾，近13%的留守儿童一年未见过父亲或母亲。隔代抚养、重养轻教的教育模式，以及学校教育与家庭、社会教育脱节导致留守儿童极易出现生理、心理等多方面的问题，其自我约束能力、自我保护能力和防范意识明显不足。留守儿童常会产生孤独、抑郁等消极情绪，在人际互动中更容易与同伴发生冲突，学习投入度低，学业成绩不佳。公共图书馆的文化服务是留守儿童开拓视野、涵养心灵的重要途径，有利于其健康成长（卜淼，2023）。

（二）乡村留守儿童图书馆发展存在的问题

1. 乡村留守儿童图书馆规模较小，资源形式单一

目前乡村的发展并不均衡，缺乏对公共文化的支持与帮扶，乡村图书馆存在规模较小、资源类型较少等问题。调查发现，多数乡村图书馆发展仍处于起步阶段，在场馆建设、人均馆舍面积、人均藏书数量、图书品种及质量上均存在较大缺口，且我国大多数乡村地区还未建设图书馆，图书资料十分短缺。相关调查显示，在我国中西部地区中，74%的乡村儿童一年阅读的课外读物不足10本，更有超过36%的儿童一年只读了不到3本书。此外，超过71%的乡村家庭藏书不足10本，一本课外读物都没有的乡村儿童占比接近20%。这些均与城市儿童阅读情况形成鲜明的对比。精神文化上的输入不足将会影响乡村儿童与城镇儿童的公平竞争。许多地区的乡村留守儿童没有读书的机会，部分拥有图书馆的乡村无法按时开馆，图书馆沦为藏书之所，一些书籍积灰已久、无人问津，乡村留守儿童通过图书馆学习知识、拓宽视野无从谈起。

2. 乡村留守儿童图书馆服务方式过于传统

公共图书馆留守儿童阅读服务多以图书捐赠、文化表演、志愿服务等形式开展，留守儿童多为被动参与，部分活动甚至存在宣传意义大于实际效果的情况，具体表现在以下两方面：一是缺乏服务需求调研。当前留守儿童阅读存在课外阅读活动较少、图书获取渠道有限、阅读指导活动缺乏、数字阅读活动不足等问题。调研发现，大部分公共图书馆未针对留守儿童阅读时间、阅读书目、阅读方式、阅读途径等需求开展调研，导致服务缺乏针对性。二是服务效果不理想。有研究指出，儿童类图书缺乏、儿童阅览室和少儿阅读活动较少是基层图书馆难以激发

留守儿童阅读兴趣的主要原因。目前公共图书馆开展的留守儿童阅读服务的整体效果不理想，活动覆盖面较窄，难以满足留守儿童的迫切需求。

3. 乡村留守儿童图书馆服务内容单一

公共图书馆留守儿童阅读服务内容以纸质图书为主，数字资源和数字文化服务较少，在推动数字文化服务均等化方面有待提升。具体表现在以下两方面：一是数字资源与服务占比低。调研发现，仅少数公共图书馆开展了公共数字文化校园行、机器人、3D 技术体验等数字服务，绝大多数公共图书馆仍以纸质图书为主要资源开展活动。公共图书馆在畅通留守儿童数字阅读渠道和获取数字阅读资源方面未发挥应有的作用。二是数字素养教育缺失。数字素养与技能是数字社会公民学习、工作、生活需具备的一系列素质与能力的集合，数字素养是数字时代对全民提出的新要求。调研中发现，公共图书馆留守儿童阅读服务基本未涉及数字素养相关内容，在提升留守儿童数字技能，特别是引导其健康合理使用网络方面作用缺失。

4. 乡村留守儿童图书馆服务缺乏持续性

公共图书馆留守儿童阅读服务缺乏持续性，未针对留守儿童建立固定的服务模式或活动品牌，具体表现在以下两方面：一是持续性活动和延伸服务少。调研发现，公共图书馆多选择世界读书日、儿童节、学雷锋日、春节等相对固定的时间开展关爱留守儿童的活动，以单次活动和短期活动为主，持续开展的常态化活动较少。同时，较少关注活动后续的反馈评价和持续影响力问题，如捐赠图书的管理、特色书屋的服务情况、阅读指导活动的成效等。二是具有影响力的品牌活动少。调研发现，仅部分公共图书馆将留守儿童服务与馆内特色品牌活动相结合，多数公共图书馆未设计并打造面向留守儿童的品牌活动，难以产生长期、持续、深入的影响。

5. 乡村留守儿童监护人群体文化意识薄弱

据《中国儿童福利与保护政策报告 2019》统计，96% 的乡村留守儿童都是由祖父母或外祖父母隔代照料，其余4%由其他亲友照料。年龄大、文化素质较低的祖辈监护人几乎没有能力监管或指导乡村留守儿童的学习，他们将教育监护人的责任交给社会和学校，但若社会和学校未履行好教育和指导的责任，乡村留守儿童将处于一种自我管理的状态，而未成年人自主辨别是非的能力较差，如今网络游戏、低俗小说等遍布网络，他们很容易受到社会不良文化的影响，从而影响自身正确世界观、人生观、价值观的形成。乡村留守儿童监护人群体缺乏对文化的了解和对信息的敏感性，在闲暇时间没有养成读书和学习的习惯，对图书馆没有太多的关注与了解，往往会忽略对乡村留守儿童的学习教育。在一些建有图书馆的乡村，当地村民甚至并不知道村子里有图书馆这样一个场所。由此可见，乡村图书馆没有深入村民的精神生活之中，没有发挥应有的作用。基层整体人才缺乏，文化氛围不浓，村民缺乏对图书馆的了解与认识，使得乡村图书馆成为摆设。

（三）优化乡村留守儿童图书馆的建设

1. 建立科学长效的合作机制

一是各级公共图书馆通力合作。各级公共图书馆应立足本馆资源优势和特点，通过建立省、市、县、乡、村联动机制，推动留守儿童阅读服务效能最大化。省级公共图书馆需发挥引领带动作用，开展惠及全省的留守儿童阅读服务；市、县级公共图书馆需摸清本地区留守儿童的基本情况和需求，深入实地开展具体的留守儿童阅读服务；乡村图书馆需改善资源、设施和空间布局，通过增补儿童读物、打造儿童阅览室等途径为留守儿童营造良好的阅读氛围。同时，各类图书馆学会、联盟等行业组织需重视和关注留守儿童阅读服务，通过交流培训、优秀活动征集、专题研讨等形式指导基层图书馆提高服务效能。

二是建立馆校合作机制。学校是留守儿童获取知识和接受教育的重要场所和关键途径。公共图书馆要积极建立馆校合作机制，一方面，通过建立图书室、流动图书服务点等方式为留守儿童提供优质阅读资源，定期开展阅读指导活动，并畅通留守儿童参与各级公共图书馆阅读活动的渠道；另一方面，学校要着力打造适合留守儿童的阅读空间，并尝试将阅读活动纳入日常课程规划。

三是鼓励社会力量参与。公共图书馆应积极吸收和鼓励各类企业、公益组织、媒体、出版机构等社会力量参与留守儿童阅读服务，利用其行业优势提供更加全面和多元的服务中国扶贫基金会的"书路计划"与各类社会组织广泛合作，开展数字阅读类公益项目，为公共图书馆与社会力量合作提供了有益借鉴。

2. 开展契合需求的精准服务

一是开展阅读需求调研。公共图书馆应面向留守儿童定期开展阅读服务调研，包括前期的需求调研和后期的活动反馈。调研内容包括留守儿童的阅读时间、阅读量、阅读方式、图书来源、阅读场所、阅读中遇到的问题，以及期望开展阅读活动的内容和方式等。在掌握和分析调研数据的基础上，有针对性地设计面向不同地区留守儿童的服务方式和活动内容，提供精准的阅读服务。

二是因地制宜开展活动。不同地区的公共图书馆需因地制宜开展留守儿童阅读服务，如对于留守儿童较为集中的地区，可以开展常态化的服务和活动；对于分布较为松散的地区，可以通过图书馆间的合作延伸服务范围；对于偏远山区和少数民族地区，要重点探索阅读资源可达的方式和途径。同时，要结合地区特色，以地方传统文化、民族文化、红色文化为载体开展相关阅读和教育活动。

三是创新服务方式方法。各级公共图书馆应不断创新阅读推广的方式方法，培养留守儿童良好的阅读习惯。公共图书馆应增强留守儿童阅读推广活动的互动性，鼓励儿童主动参与阅读挑战，利用新媒体拓宽阅读活动的范围，提升活动的影响力，以吸引更多志愿者参与留守儿童阅读服务。

3. 提供丰富多样的内容资源

一是甄选精品阅读资源。对于贫困乡村的留守儿童而言，各类阅读资源是其了解和探索世界的窗口，是对各种未知事物建立基本认知的重要渠道。公共图书馆要结合留守儿童的特点，在保障供给内容多样性的前提下，甄选优质阅读内容，并编制针对不同年龄儿童的导读书目，以指导留守儿童阅读实践。

二是加大数字资源供给。我国不断完善农村网络基础设施建设，逐步推进贫困地区公共数字文化服务提档升级。公共图书馆应关注和增加对留守儿童的数字资源供给，省级公共图书馆可以建立覆盖全省的数字资源平台，基层公共图书馆可以联合采购优质少儿数字资源，提高数字资源在留守儿童阅读服务中的使用率。

三是重视数字素养教育。数据显示，2021年，中国农村未成年人互联网普及率为97.3%，其中只有38.3%的农村未成年网民上网时长受到家长限制，比城镇低10.4个百分点，但其网络操作技能较低、网络防沉迷知识缺乏、自我保护意识和能力不足等问题普遍存在。特别是在家庭教育缺失的情况下，公共图书馆更应加强对留守儿童的数字素养教育，提升其教学网络技能，指导留守儿童健康科学地使用网络和各类电子设备。

4. 打造持续活力的阅读品牌

一是明确品牌定位。公共图书馆要将服务留守儿童作为塑造阅读品牌的定位和目标在此基础上开展针对性的品牌服务，避免目标模糊导致内容同质化，使服务品牌的优势和特色更加明显、更具辨识度。如苏州图书馆"小候鸟"服务项目以服务外来务工人员子女为定位开展各类服务活动，获得广泛认可。

二是持续运营品牌。阅读品牌的建设和运营并非一蹴而就，需要时间的积累、内容的创新和影响的深化。公共图书馆要保障服务的持续性，追求质量的提升和品牌活动的独特性，从而逐渐获得儿童对品牌的认同，使越来越多的留守儿童在潜移默化中形成良好的阅读习惯，并成为阅读的积极倡导者和宣传员。

三是重视品牌维护。伴随时代的发展，阅读品牌要持续关注读者群体的变化和需求，做好品牌内容的更新和维护，这也是许多知名阅读品牌历经数年依然具备影响力的重要原因。公共图书馆要关注留守儿童阅读行为和需求的变化，持续推出与时代发展相契合的阅读内容，从而打造具有持续活力的留守儿童阅读品牌。

（四）乡村图书馆与乡村人才培育

图书馆事业正处于智慧化转型的关键时期，图书馆事业的转型发展急需适应新业态、新生态的馆员人才队伍。乡村图书馆作为我国公共文化服务体系在广大乡村中的重要服务站点，有责任也有义务积极投身到乡村振兴的建设事业当中

（黄小兰，2019）。乡村振兴的社会实践是锻炼人才、培养和造就人才、检验人才能力和水平的重要平台。文化建设是乡村发展的灵魂，上至组织建设、经济发展、环境治理、民生保障，下至起居饮食、跑腿代笔、说事评理，既要尊重乡村的历史与传统，也不能陷入乡俗民风的窠臼（齐光宇，2022）。

乡村图书馆工作者应当发挥文化使者的作用，以新思维、新思想、新理念指导工作实践，为乡村社会发展注入新的文化元素，转变乡俗民风，转变乡村干部群众的意识观念，为社会主义新农村建设焕发出新时代的精神风貌。图书馆工作者在这纷纭复杂的乡村工作实践中，必然得到磨砺和锻炼。在乡村振兴的实践平台上，不仅会对乡村图书馆工作者的学习能力、统筹管理能力、信息研判能力、沟通合作能力、逆境抗压能力进行历练和检验，同时也让乡村图书馆工作者的灵魂经历一次又一次的精神洗礼，让他们更加了解新时代中国乡村发展的实际，更加了解中国的国情，更加了解基层群众的需求和期盼，从而进一步增强责任感、使命感，以时不我待、不负韶华的"精气神"投身于乡村振兴的伟大实践，并在实践中"蜕变"为新时代图书馆事业发展需要的合格人才。

1. 乡村图书馆在乡村人才培育方面发挥着重要的作用

乡村图书馆在乡村人才培育方面的作用见表3.1。

表3.1 乡村图书馆在乡村人才培育方面的作用

作用	释义
提供学习资源	乡村图书馆为乡村的居民提供了各种学习资源，包括图书、期刊、报纸、电子书、电子数据库等。这些资源可以帮助乡村居民获取新知识、学习技能和拓宽视野
信息传播和沟通平台	乡村图书馆提供信息传播和沟通的平台，让乡村居民了解国内外的新闻动态、科技进展和社会变化。通过图书馆组织的讲座、培训和社区活动，当地居民可以与专家、学者和社区领导进行交流，丰富自己的知识和见解
培养阅读和写作习惯	乡村图书馆通过推广阅读活动和写作比赛等形式，鼓励乡村居民培养阅读和写作的习惯。阅读文学作品可以提高人的思维能力和创造力，写作则可以帮助人更好地表达自己的想法和观点
提供职业培训和就业咨询	乡村图书馆可以合作或组织职业培训课程，为乡村居民提供就业技能和就业咨询服务。这有助于提高乡村居民的就业竞争力，促进乡村经济的发展
促进创业和创新	乡村图书馆可以为有创业意向的乡村居民提供创业指导和咨询服务。图书馆的资源和网络可以帮助他们获取创业所需的信息和技能，推动乡村创新和发展

总之，乡村图书馆在乡村人才培育方面的作用是多方面的，它不仅提供学习资源和信息服务，还提供职业培训、创业支持等服务，帮助乡村居民提高技能水平、开阔视野、提升竞争力，进一步促进乡村的发展。

2. 加强公共图书馆自身建设

（1）加大投入，完善基础设施

为适应乡村文化振兴建设新需要，应当积极整合乡村文化资源，加大对公共图书馆的支持力度，丰富公共图书馆的外在形式。例如，可以考虑在农村公共空间进行科学选址，建立书吧或者农家书屋等，及时更新图书、杂志等，并配置书柜、桌椅、计算机以及电子借阅机等设备，向社会大众免费开放。

（2）丰富馆藏资源，尊重并保护农村特色文化

公共图书馆应当积极培养参与乡村传统文化保护的队伍，努力寻求当地文化部门的指导与帮助，在强化乡村文化遗产保护培训的同时，还要公开招募社会志愿者，鼓励他们走入农村基层，近距离地了解当地的文化传统、民风民俗等，运用文字、录音等多种方式完整地记录口头特色文化，在归纳与整理之后，结合现有的文献资料对所记录的乡土文化进行辨别，从中筛选出能够符合先进文化发展方向的内容；同时，积极搜集乡村地区极具特色的民间艺术、传统工艺等，并积极开展与民间艺术、传统工艺相关的文化巡演活动或者工艺展览会等等，逐步促进乡村文化振兴。

（3）人才培养，加强专业队伍建设

针对农村公共图书馆人才匮乏、素质参差不齐等问题，可以通过公开招聘形式选拔优秀的图书馆专业人才，同时适当调整图书馆工作人员的薪资条件，为新员工提供必要的发展机会；做好图书馆管理人员的培训工作，增强其业务素质，同时也要逐步淘汰落后员工，打造专业团队。为了发挥公共图书馆在乡村文化振兴过程中的功能，建议选择部分专业能力强的工作人员，搜集、整理更多有益于乡村文化振兴的文献资料（郭智惠，2022）。

（五）乡村图书馆与文明乡风与民俗的培育

1. 乡村图书馆与农耕文化的保护与传承

传承发展农耕文化是乡村文化振兴的重要内容。长久以来，受多重因素影响，中国农耕文化形成了经由一代代农人"口耳相传"进行传承发展的特点。

其一，中国地域辽阔，地理环境、气候条件各不相同，因此农民在农业生产过程中积淀形成了各具特色的对农事活动规律的认识与经验，又在长期的历史发展过程中产出了具有普适性的农事生产的经验集成，比如西汉的《氾胜之书》、明代徐光启的《农政全书》等，但不同地区的农业生产所面临的地理环境和气候条件不同，具体详细的农事活动经验仍然需要当地农民口耳相传才能得以传承发展。

其二，由于之前未能普及乡村教育，难以用文字记载的方式汇总农事生产经验，只能高度依赖口耳相传的方式传承农业生产过程中不断积累的农事经验，因此，在以地缘、血缘为纽带，以农业生产为基础，在长期历史衍变过程中积淀而成的"熟人社会"里，农闲时节在打麦场、打谷场上口耳相传的"乡村夜话"实际上指导着人们的行为方式，影响着人们道德品质的形成，维系着乡土社会秩序的稳定与成员和谐，从而造就了独特的乡土文化。同时，这种代际之间口耳相传的日常性"乡村夜话"传承了村庄的集体记忆，人和人之间的情感交往更为密切，在无形中形成了村庄舆论、村庄规范，维系了传统村庄共同体的稳定存在。

由此可见，为村民提供"乡村夜话"的场所（比如祠堂、麦场、谷场、巷尾小铺、村头树下等）扮演着乡村公共文化空间的角色，担负着传承发展农耕文化的职能。然而，改革开放以来乡村社会急速转型，加之年轻一代农民开始进城务工，代际之间口耳相传的传承方式因后继无人而被迫搁浅，几千年沿袭下来的"乡村夜话"遭到毁灭性打击。如何保护、传承这些农耕文明，如何使这些农耕文明所蕴含的农事经验、思想观念、乡风民俗、道德规范以及地方特色传统戏曲等能够在乡村振兴中得以传承发展，积极发挥其在乡村文化建设中的作用，这是摆在我们面前无法绕开的课题（王子舟 等，2021）。

乡村图书馆具有保存乡村记忆、传播人类知识、培养地方认同感的基本功能，同时还是实施社会教育的第二课堂，交换信息意见的公共空间，从事休闲娱乐的文化场所。因此，乡村图书馆成为保护、传承、发展农耕文化的必然选择。一方面，作为公共文化空间，它可以有效破解传统"乡村夜话"空场的困境，为广大乡居农民找回逐渐失去的家园感与归属感；另一方面，它还可以借助自身的独特优势，将农民口耳相传的农耕文化运用现代传媒技术予以保护和传承，从而有效破解农耕文化传承后继无人的困境。因此，在传承发展农耕文化、推动乡村文化振兴的过程中，我们应该立足于保护传承农耕文化，着眼于功能的转换与扩展，大力加强乡村图书馆建设。

2. 乡村图书馆传承发展农耕文化的三个维度

我们要深入挖掘、继承、创新优秀传统乡土文化。要让有形的乡村文化留得住，要让活态的乡土文化传下去，要把保护传承和开发利用有机结合起来，把我国农耕文明优秀遗产和现代文明要素结合起来，让中华优秀传统文化生生不息，让我国历史悠久的农耕文明在新时代展现其魅力和风采。这为新时代乡村图书馆传承发展农耕文化提供了路径指引。

（1）保护传承和开发利用适应当地地理环境和气候条件的农事生产经验

农业生产具有明显的地域性、季节性与周期性的特点，其经验主要来自世世代代农业劳动者对生产活动的记录、概括和总结，因而又有"经验农业"的说法。正如马克思所言："这些个人是从事活动的，进行物质生产的，因而是在一定物质的、不受他们任意支配的界限、前提和条件下活动着的。"中国传统农业经验源远流长、浩如烟海，比如"不违农时""因地制宜、因时制宜、因物制宜""精耕细作、间套复种""有收无收在于水、收多收少在于肥""干长根、湿长芽""禾兴草亡"等。遍布华夏大地的不同村落将这些概括性的农事经验与各地的地理环境及气候条件相结合，并恰当地运用到具体的生产劳作中，在长年累月的积淀中形成了属于自己的农事生产经验，并在口耳相传中将之传承下来，极大地丰富了中国传统农耕文化。尽管当前机械化、规模化、集约化的农业生产模式正在逐步取代家庭农业生产，但无论现代农业的发展程度如何，农业生产始终都改变不了"靠天吃饭"的特点，"耕、种、收、藏"仍然要依靠传统农事经验的指导。因此，在现代农业生产仍需传统农事经验指导，而农事经验却无法依靠传统"乡村夜话"的方式进行传承的情况下，乡村图书馆作为传承发展农耕文化的主要载体，应该积极抢救那些因后继无人而无法传承的农事经验，以及其所蕴含的天道自然、天人合一的生态伦理，使其在现代农业生产中得以继续使用，并推动乡村全面振兴。

（2）保护传承和开发利用具有浓郁乡土气息与地方特色的节庆活动和民间艺术

物质生产与精神文化紧密相关，正如马克思所言："如果在全部意识形态中，人们和他们的关系就像在照相机中一样是倒立成像的，那么这种现象也是从人们生活的历史过程中产生的，正如物体在视网膜上的倒影是直接从人们生活的生理过程中产生的一样。"如果说农事经验构成了传统农业社会文化生产的主要内容，那么在农闲时节创造并传承的、与农民日常生活息息相关的节庆活动和民间艺术，则构成了传统农民的生活文化，继而延续成为传统乡村的生活传统。这种传统具有浓郁的乡土气息，又充满文化仪式感、历史感、地域感，对稳定乡村社会结构及形塑农民的审美情趣和文化心理发挥着重要作用，因而成为中华传统农耕文化的重要内容，也成为现代人的乡愁记忆。但是，由于市场经济和"打工经济"的快速发展，传统节庆活动和民间艺术得以存续的社会基础发生了质变，尤其是代际之间口耳相传的传承发展方式被迫中断之后，其组织力衰退、参与度降低，在乡村生活中逐步"退场"。因此，乡村图书馆应该发挥自身在传承发展农耕文化方面的优势，在保护传承和开发利用各具特色的地方节庆活动和民间艺术过程中发挥积极作用，投身于抢救、传承、利用行将消失的地方节庆活动和民间艺术的工作，为传承发展农耕文化贡献一份力量。

（3）保护传承和开发利用乡村共同体得以规范运行的祖传家训和乡风民俗

以农耕文明为特征的中国传统乡土社会结构是构建在以血缘为纽带的家庭、家族之上的。历史上的乡村社会，大多依赖家庭和睦、家族和谐来维护社会的稳定运转，家训便因此应运而生，比如历史上著名的《朱子家训》《颜氏家训》等。传统乡土社会的家训是在立志、修身、攻读、力耕、养生、治家、严教、敬业、处世等方面对家族成员进行约束规范和文化熏陶,形成了维系家庭和睦、家族和谐的家风与门风。而在传统乡土"熟人社会"里,通过代际之间口耳相传的家训又为良好乡风的形成奠定了基础。正是由于口耳相传这一特征,家训通常以传说、故事、歌谣、谚语、谜语、俗语、小戏、歌会等方式传播,并辐射到对联、年画、雕刻、舞龙舞狮等具有欣赏性的乡土艺术,逐渐演变为体现文明乡风的地方民俗。"村落日常生活中人们不仅仅有劳作,也有休息,也有令他们精神愉悦的东西。所以在口头的语言艺术里,包括传说故事、歌谣、谚语、谜语、俗语等都有着丰富的民俗文化的存在。"可见,祖传家训和乡风民俗也是体现农耕文化的一种生活传统,是农耕文化代代相传、绵延长久的重要支柱。

从耕读传家、父慈子孝的祖传家训,到邻里守望、诚信重礼的乡风民俗,这些都被贴上了中华文化的鲜明标签,承载着华夏文明生生不息的基因密码,彰显着中华民族的思想智慧和精神追求。同样,由于乡村社会的不断转型,承载着农耕文化的祖传家训和乡风民俗,在工业文明和市场经济的冲击下面临着难以为继的窘境,也动摇了传统乡土社会的根基。因此,乡村图书馆也应该在传承发展祖传家训和乡风民俗方面发力,使其在乡村振兴的过程中焕发出时代生机和活力。当然,在保护传承和开发利用传统农耕文化的过程中,乡村图书馆应该重点关注包括但不限于以上三个维度的内容,还可对"渔樵耕读"文化做更加细致的分类,对传统农具、建筑、服饰、美食等进行更深入的挖掘等。

3. 加强乡村图书馆建设,推动农耕文化传承发展。

凝聚着亿万农民自强不息精神追求的传统农耕文化历久弥新,已然成为新时代建设中华民族共有精神家园的重要支撑,同时还是一笔宝贵的精神财富。乡村图书馆要发挥传承发展农耕文化的作用,就必须从资源、场地、人员等方面推进建设,让自身能够替代传统祠堂、麦场、谷场、巷尾小铺、村头树下等"乡村夜话"场地的功能,真正成为孕育新时代乡土文化的"暖巢"。

(1) 以保护利用农耕文化为抓手,加强乡村图书馆资源建设

由于传统农耕文化具有浓郁的地方特色,新时代乡村图书馆应立足本地资源

与文化，合理组织本地文献资源，凸显图书馆资源建设的本土性，从而形成文化底蕴深厚、地域特色鲜明的农耕文化资源体系。

① 搜集整理散落在民间的农耕文化纸质资源

中国农耕文化博大精深，先民在长期的精耕细作中形成了丰富的农学理论和卷帙浩繁的农学典籍，在长期的生产生活中对于人生形成了朴素的哲学思想，产生了各具地方特色的农耕文化。当前，乡村图书馆资源建设不能仅仅被动接收来自政府、社会、企业捐赠的图书资料，还应该积极收集当地已经形成的散落在民间的纸质图书资源，包括具有浓郁乡土气息与当地特色的农事生产经验、节庆活动和民间艺术、祖传家训和乡风民俗、族谱和家谱、当地名人传记等。这些纸质图书资源大多因散落在民间而无法获得很好的保护，如果不抓紧时间收集整理，必将很快流失。

因此，乡村图书馆的资源建设首先应该瞄准这些散落在民间、已然成形的、富有地方特色并承载传统农耕文化的纸质图书，加大力度、抓紧时间对其进行收集整理。资源建设要具备特色化内容，才能更有生命力，才能使村民产生共情、同感、自信，从而对家乡文化产生更强的认同感。

② 以短视频的方式保存农耕文化

在新媒体技术高度发达的今天，短视频以新的记录方式走进普通人的生活，成为人们喜闻乐见、开阔视野的又一渠道，同时也是乡村图书馆保护传承农耕文化的有力方式。乡村图书馆资源建设可从网红李子柒的视频中获得很多启发，其作品中呈现出来的乡村田园牧歌式的耕耘收获、日常生活，制作传统生产工具、美食、服饰的民间技艺，传统节庆表演、乡风民俗等，都包含了丰富、活态的传统农耕文化。乡村图书馆可以运用现代传媒技术保留当地独有的生产生活场景，把那些有价值、有意义且承载着无数人乡愁的生产、生活方式保存下来并传承下去。

③ 以口述史传承农耕文化

如前文所述，当前农业生产正面临着后继无人的窘境，这也使得通过"口耳相传"的方式进行传承的农业生产经验陷入难以为继的险境。为了有效化解这一难题，乡村图书馆可以通过口述史的方式来保护传承和开发利用农耕文化。首先，可寻找当地拥有丰富农事生产经验的"种田能手"，让他们详细口述自身多年积累的农事生产经验，并用现代传媒技术对内容予以记载、整理。由于当前从事农业生产的农民大多为"50后""60后"，"70后""80后"大多已不从事农业生产，故这一工作显得尤为迫切。其次，可以联系了解掌握当地情况的理事人，让他们详细口述当地的乡风民俗并予以记录整理。最后，也可以寻找当地有着优良家风的家庭，让他们讲述自家的家风、家训等。除此之外，还可以采用口述史的方式记录村史、家族史、乡村禁忌、节日仪式等。

"五里不同音，十里不同俗"，对口述资料进行记录、整理，不仅能保护和传承当地的农耕文化，同时也能供乡村工作研究者、历史文化研究者、方言研究者等有效利用。此外，口述史还有利于保护传承各地方言。在普通话日渐普及的今天，方言文化的流失极其严重。从世界范围看，全球共有7000多种语言，但消亡的速度非常快，平均每个月有2种语言消失。方言是地域文化的标志，相较于普通话能传达更多的含义，有着本地域独特的韵味，能让人产生归属感。

（2）因地制宜、注重特色，加快乡村图书馆设施建设

2022年中央一号文件强调要落实乡村振兴为农民而兴、乡村建设为农民而建的要求，坚持自下而上、村民自治、农民参与，启动乡村建设行动实施方案。乡村图书馆建设也应坚持自下而上，以共建、共治、共享为原则，让农民主动参与进来，发挥其主体性，调动其创新性，让他们以主人翁的身份参与乡村图书馆的各项建设。当前，遍布全国各地乡村的60多万家农家书屋之所以部分存在落锁闭门的状态，其主要原因在于其"千村一面"的标准化建设模式，未能考虑到当地农民在文化方面的所思所想、所需所求。因此，乡村图书馆应该以保护传承传统农耕文化为抓手，因地制宜、注重特色，结合当地建筑、民俗、文化等方面的特点，充分发挥乡居农民的主体性，大力加强其设施建设。

首先，乡村图书馆建设要考虑现有设施的可利用性，可对农家书屋、当地废弃建筑等进行改造利用，就地取材，以免重复建设、资源浪费。比如河南莫沟村的"老苗窑洞书馆"就充分利用了当地窑洞。其次，要重新定位乡村图书馆的功

能。乡村图书馆作为乡村公共文化空间，除了具备图书借阅等基本功能，还应是农民交换信息意见、休闲娱乐的文化场所。因此，在空间规划上，除了要有阅读空间，还应该有能基本满足村民精神文化需求的空间，比如"村民夜话"的茶室、梆子戏等戏剧票友的活动空间、民间剪纸艺术展示空间、棋牌室、观影室等。乡村图书馆要实现多元化发展，才能更好地发挥其传承共同文化、留下共同记忆、生成共同美德的作用。最后，要在环境和建筑、设备等方面体现当地的农耕特色，可招募本地的能工巧匠参与图书馆建设。这些传统匠人更具有工匠精神，敬业、专注、精益求精、创新的品质是生长在他们骨子里的，从馆舍建筑到书架、桌椅皆是他们精湛技艺的体现，这样建造的图书馆就是一项活态的文化遗产。

（3）借助新乡贤的力量，推动乡村图书馆共建共享

费孝通认为，"人和地在乡土社会中有着感情的联系，一种桑梓情谊、落叶归根的有机循环中所培养出来的精神""中国的落叶归根的传统为我们乡土社会保持着地方人才"。古代乡村社会借由科举考试、出仕为官等渠道为国家输送人才，"报本反始""衣锦还乡"等乡土情结和"告老还乡"的传统制度又让他们回归故里，成为当地乡贤，又以其道德表率、学识和地位维持乡村秩序，因而形成了中国传统农耕社会中的乡贤文化、耕读文化。然而，随着现代城市化进程的加快，乡村社会发展日渐式微，从乡村走出去的"贤者"不愿或不能回乡已成常态，乡村文化日益凋敝。随着乡村振兴战略的实施，"新乡贤"文化开始崛起，并成为推进乡村文化振兴的重要力量。因此，乡村图书馆应该积极借助"新乡贤"的力量加强自身建设与管理。

所谓"新乡贤"是以乡情乡愁为纽带、热心故乡公益事业而被当地民众所认同的复合型精英人才，一般是本乡人士，他们的职业多元化且热心故乡公益事业。乡村图书馆应积极拉近与返乡"新乡贤"的关系，让他们成为乡村图书馆建设、管理的主导力量。从古至今，乡贤们都是凭借自身的道德情操来树立权威，村民对他们的认可大多源自其人格魅力。所以，乡村图书馆应充分利用"新乡贤"的人格魅力，吸引并鼓励村民做图书馆志愿者，以此强化他们与图书馆的联系，同时慢慢引导、鼓励更多村民和孩子一起走进图书馆。只有让乡居农民感受到图书

馆的美好,把走进图书馆作为一种享受,才能使耕读文化继续传承下去,让乡村图书馆真正成为"孵化"新时代乡村文化的"暖巢"。

(六)乡村图书馆与乡村综合治理

乡村图书馆作为重要的文化设施,在乡村综合治理中扮演着重要的角色。乡村图书馆与乡村综合治理密切相关,通过知识传播、交流合作和文化传承等方面的作用,为乡村居民提供了发展、参与和分享的机会。将乡村图书馆纳入乡村综合治理的框架中,可以进一步加强乡村文化建设和社会治理,促进乡村的可持续发展。

1. 乡村图书馆与乡村综合治理

乡村图书馆的功能定位与综合治理研究是关于如何在乡村地区建立和发展图书馆,以促进乡村居民的教育、文化和信息素养提升,并通过综合治理的方式提供社会服务。

(1)乡村图书馆作为知识和信息的集散地,为乡村居民提供了广泛的读书、学习和娱乐资源

通过提供丰富多样的图书、期刊、报纸、音像材料等,乡村图书馆不仅满足了居民的知识需求,还激发了他们对文化艺术、科学技术和社会发展的兴趣。这些知识和信息的获取和传播为乡村居民提供了了解和参与社会事务的机会,提升了他们的综合素质和自我发展能力。

(2)乡村图书馆作为文化和社交交流的场所,促进了乡村居民之间的交流和合作

乡村图书馆作为公共空间,提供了阅读、研究以及参与各种文化活动的机会。在图书馆的活动中,乡村居民可以结识新朋友,分享知识和经验,形成互助合作的文化氛围。这种交流和合作的促进有助于加强乡村社区的凝聚力和归属感,为乡村综合治理提供了一种有益的社会关系基础。

(3)乡村图书馆还承担着普及教育、培养文化意识和传承乡土文化的重要责任

通过举办各种教育培训活动、知识讲座和文化展览,乡村图书馆为居民提供

了学习和进修的场所。它不仅教育乡村居民提高技能和知识水平，还培养了他们对传统文化和乡土价值的认同感。这种乡土文化的传承和弘扬为乡村综合治理提供了文化支撑和意识形态的基础。乡村社会的发展质量与乡村图书馆的治理水平紧密相关。

2. 乡村图书馆的治理困境

图书馆成为发展乡村文化的地标性建筑，乡村经济的发展质量可以在乡村图书馆的质量上呈现出来。公共图书馆是为社会成员提供信息服务的公共场所和村民的精神载体。20世纪20年代，英国学者就提出公共图书馆向乡村延伸的主张，认为需要以乡村图书馆为核心打造乡村居民的精神生活中心。美国则建立起了"总馆＋分馆＋流动图书馆"的模式，图书馆得以覆盖全社会。中国的公共图书馆目前仍然徘徊在城市，乡村居民无法更普遍地享用公共图书馆提供的文化资源。中国的乡村治理在治理主体、治理过程、治理目标、治理环境等方面都存在诸多瓶颈，阻碍了乡村文化高质量发展进程。在乡村治理过程中，治理主体是发力者，治理过程、治理环境、治理空间、治理目标分别是治理能力的传播方式、阅读观念、辐射范围、生产对象，只有多方面协同发力，才能从根本上改善乡村整体发展样态（孟祥林，2023）。

（1）治理主体过分单一

乡村图书馆的发展需要多个治理主体（包括政府主管部门、社会团体、乡村图书馆、图书馆员、村民等）的共同合作来实现。但是受传统思维方式路径依赖的影响，包括乡村图书馆在内的文化事业的发展都是在政府财政支撑下发展，以政府为唯一力量的文化单向植入方式发展乡村图书馆，使社会组织、个人等办馆力量都被边缘化。受传统思维方式影响，乡村图书馆的图书内容有些与高校图书馆相似，因不符合乡村居民的文化口味而受冷落。

乡村治理应该打造成由政府部门、社会组织、个人以及图书馆自身等各方力量形成的多元化治理主体共同参与的发展格局。乡村图书馆首先要强调"乡村"，而后才是图书馆，图书馆需要突出"土味"情怀，将村民个人以及社会组织纳入乡村治理主体，才能让村民有话语表达权，并将乡村图书馆办成具有乡土气息和反映村民意愿的文化堡垒。乡村图书馆是本土文化的节点，社会力量具有参与办馆的愿望，随着乡村社会结构变化，社会组织以及个人力量成为发展乡村图书馆的重要支撑力量。个人力量和社会组织参与办馆，在为图书馆解决资金缺口的同时，也将为图书馆的发展搭建起智库。只有将政府意志和村民意愿进行充分结合优化图书馆助力乡村治理方式，才能理清为谁服务、怎样服务和服务什么等之间的关系，为村民表达文化消费意愿建立桥梁和拓展通道。

（2）治理过程方式流于表面

乡村的治理过程需要调动多元主体共同参与并兼顾各方利益诉求，从"管理"转向"治理"进而实现"善治"。前文论及，"自上而下"的治理思维让财政投资"唱独角戏"，行政指令模式的乡村图书馆助力乡村治理方式，使乡村图书馆从建立到发展完全成为行政行为，管理效率重于治理效果。乡村图书馆事业需要持续运转，建立之后的维护任务更加繁重。"任务式"的治理方式导致功利化、短期化的价值取向，有些乡村图书馆的建设形式大于内容，后期由于维护不到位，很多乡村图书馆处于半关闭状态。有些乡村图书馆从建设伊始就缺乏融入本土文化的思维前提，书籍内容也脱离村民生活实际，"乡村空心化"问题也使乡村图书馆的服务群体变得狭窄。"一刀切"的治理方式，使有些乡村图书馆失去了本土文化支撑和乡情、"土味"特点。

乡村图书馆的服务群体是村民，村民需要通过图书馆构建起来的物理空间唤醒乡村记忆、聆听先辈声音、感悟文化教诲。因此，乡村图书馆应该肩负起风土教化的责任，通过传播"土味"的文化使乡村居民形成非纸面的行为规约，从而形成不需要他人提醒的自觉，每个村民都能够在这种文化氛围影响下通过行为内敛实现帕累托改进，主动展露与他人谋求合作的愿望，从而推进社会资本快速增长，每个村民的存在都会成为其他村民生存状况变得更好的前提条件。因此，乡村图书馆除了要向村民传播知识和传授技能外，更重要的是营造文化氛围，这是决定乡村社会发展样态的精神支撑。乡村图书馆需要掺杂"土味"情怀和培植乡土文脉，让治理过程富有文化深度和文化内涵。

（3）治理目标脱离实际

乡村图书馆需要带有"土味"和乡情，缺乏了地方文化特色的乡村图书馆就脱离了本土文化实际。因此，乡村图书馆在夯实文化传播力的同时也要强化文化转化力，乡村图书馆要强化地方文化特色，将乡趣、乡事、乡贤、乡企、乡史等纳入图书馆板块，让图书馆扮演凝聚村民智慧、启发村民创业、引导文化发展的策源地。以缺乏地方文化内容的纸版图书为主的乡村图书馆，就失去了在地方文化发展中以成功者的身份发声的表达机会，文化的感染力和辐射力也被弱化。

（4）治理环境日益恶劣

随着现代社会不断发展，乡村作为村民安身立命的根本，也在发生着深刻的变化。造成这种变化的原因主要有两个方面：一是乡村社会自身内在的演进和发展；二是城市化快速发展的带动和外来文化及思想观念的冲击。在新型城镇化发展和城乡二元结构的背景下，城市攫取大量乡村资源，导致乡村图书馆治理环境日益恶劣，这不仅将乡村图书馆治理推向了更加艰难的境地，也对农村经济社会的发展产生了负面影响。

3. 乡村图书馆与乡村治理的优化路径

乡村图书馆、农家书屋作为乡村居民的精神家园，在推进乡村振兴战略过程中为乡村社会转型提供精神动力和智力支持，但农村地域广大，不同区域的发展基础存在较大差异。为了实现乡村文化高质量发展，首先需要提升乡村图书馆的发展质量，进而推进乡村社会现代化的发展进程。

（1）乡村图书馆治理理念现代化

乡村图书馆治理理念是治理行为的总指引，是开展治理活动的重要前提，它勾勒出乡村图书馆未来发展的蓝图和前景。乡村图书馆治理理念现代化不是对传统治理理念的彻底否定，而是在新型城镇化发展背景下，与时俱进，融入新的发展思想和理念，推动乡村图书馆治理理念的转型和发展，对乡村图书馆未来发展做出科学规划。新型城镇化发展过程中，乡村图书馆治理理念现代化关键是要与时俱进，推动乡村图书馆治理理念的转型发展，实现"善治"，进而推动乡村图书馆的健康可持续发展。因此，乡村图书馆治理理念现代化是在法治与德治相结合的基础上，由政府主导的"元治"、社会团体和村民的"他治"、图书馆的"自治"共同参与形成的多主体"共治"，是融入新型城镇化发展要求、实现乡村图书馆"善治"的过程。

（2）乡村图书馆治理目标现代化

乡村图书馆治理目标为乡村图书馆治理实践指明了方向，是对乡村图书馆发展成果的预期，可以从两个方面理解其含义：一是现实目标，即采取有效途径提高图书馆"善治"水平；二是长远目标，即通过内部变革与创新促进乡村图书馆的健康可持续发展。乡村图书馆治理目标现代化是从现代社会发展视角出发，重新审视图书馆发展形势和环境，树立正确的发展目标和理念，以提高图书馆治理目标的科学性、系统性和有效性。

（3）乡村图书馆治理主体现代化

目前，乡村图书馆治理主要是在政府主导下推进，治理主体比较单一，治理力量比较分散，实现乡村图书馆治理主体现代化是化解上述问题的有效途径。在新型城镇化发展过程中，乡村图书馆治理主体现代化要求建立多元治理主体结构，通过发挥不同治理主体的作用，促进乡村图书馆治理水平的提升。总的来说，乡村图书馆治理主体主要包含政府主管部门、乡村图书馆、图书馆员、村民以及社会团体。不同治理主体承担的责任和扮演的角色各不相同，为不同治理主体开展治理合作提供了基础，而有效的协同共治也是提高乡村图书馆治理水平的重要途径。

（4）乡村图书馆治理机制现代化

乡村图书馆治理机制是协调不同治理主体利益关系，统筹治理资源，保证治理政策和制度的贯彻落实，以及保障治理有效运转的制度安排。新型城镇化发展过程中，乡村图书馆治理机制现代化有利于提高图书馆治理的科学性、有效性和规范性。新型城镇化发展过程中乡村图书馆治理机制主要包括决策机制、合作机制、责任机制、调控机制和监督机制等。

（5）乡村图书馆治理环境现代化

乡村是农村居民生产生活的空间，也是乡村图书馆发展的重要保障。2013年底，在北京召开的中央城镇化发展工作会议指出，新型城镇化发展要坚持"尊重自然、顺应自然、天人合一"的发展理念，可以看出，新型城镇化发展过程中要做好农村生态和社会文化环境建设，为广大农村群众营造一个良好的生产生活空间。鉴于此，加强乡村图书馆治理环境现代化，就要改变传统观念，引入现代元素，不断优化农村社会自然环境、文化环境和公共环境，为促进乡村图书馆发展营造良好的外部条件（徐慧，2017）。

乡村图书馆在乡村综合治理中发挥重要作用，通过提供知识、信息和文化资源，促进乡村发展、增强社会凝聚力和可持续发展。通过寻求资金支持、推动数字化发展、加强人才培训和社区参与合作，可以提升乡村图书馆对于乡村的综合治理能力，为乡村社区的发展作出更大贡献，为乡村振兴添砖加瓦。

4. 乡村振兴战略背景下乡村图书馆的法规与规范

（1）乡村图书馆建设相关法规

乡村图书馆建设相关法规见表3.2（何金海，2022）。

表3.2 乡村图书馆建设相关法规

规范性质	相关文件名称	发布年份	相关规定及主要条款
宪法	《中华人民共和国宪法》	1982	第22条
法律	《中华人民共和国公共文化服务保障法》	2016	第18、35~37条
	《中华人民共和国公共图书馆法》	2017	第4、13~15、31条
部门规章	《农家书屋工程建设管理暂行办法》	2008	第2~8章
	《农家书屋工程专项资金管理暂行办法》	2008	第2~5章
	《乡镇综合文化站管理办法》	2009	第2~5章
	《新闻出版总署、国家邮政局关于推动农家书屋和村邮站建设的通知》	2010	第2~4条
	《关于推进县级文化馆图书馆总分馆制建设的指导意见》	2016	第4条第3款

（2）乡村图书馆建设相关规范性文件

乡村图书馆建设相关规范性文件见表3.3。

表3.3 乡村图书馆建设相关规范性文件

规范主体	规范简称	发布年份
中央及各部委	《关于进一步加强农村文化建设的意见》	2005
	《国家"十一五"时期文化发展规划纲要》	2006
	《"农家书屋"工程实施意见》	2007
	《乡镇综合文化站建设标准》	2012
	《关于加快构建现代公共文化服务体系的意见》	2015
	《关于推进基层综合性文化服务中心建设的指导意见》	2015
	《关于加快构建现代公共文化服务体系的意见》	2015
	《"十三五"推进基本公共服务均等化规划》	2017
	《关于政府向社会力量购买服务的指导意见》	2020

第四章

成功实践分享

第一节
高校图书馆助力乡村文化振兴

一、湖南农业大学图书馆"耕读之约"实践队"阅"乡村助振兴

2022年,湖南农业大学图书馆青年志愿者"耕读之约"实践队在图书馆老师们的引导下,将学习"隆平精神"作为图书馆服务乡村振兴最鲜活的时代内容,主动到校外实习实践基地——长沙县路口镇隆平稻作公园开展为期一个月的农耕劳动及阅读推广实践活动。师生们通过"阅"乡村,深度参与乡村振兴。

师生通过乡村阅读现状调研,了解乡村建设的文化需求,赠送了100余种精品图书给隆平稻作公园"耕读书屋",为大、中、小学生在隆平稻作公园研学做好阅读资源储备,改善了乡村"买书难、借书难、看书难"的状况;并以"耕读书屋+隆平精神主题阅读"为典型阅读示范活动,点燃乡村阅读燎原之火,把送"书"和乡村社区文化发展紧密结合,同时树立阅读典型,形成阅读风尚,引导农民群众在阅读中增强坚定不移走社会主义乡村振兴道路的信心决心,推动农民群众精神文化生活共同富裕。

面向路口镇村民及下乡实践的大学生,图书馆老师及同学们作了《乡土中国》《江村经济》、袁隆平系列图书的阅读分享;学校专家讲授了《当前经济形式、乡村振兴与产业兴旺》《稻田生态种养》《非遗文化下乡——剪纸文化》《科技论文写作》《乡村数字信息素养》《智能手机APP使用》等课程,引领了乡村文化学习和农技培训,提升了乡村现代农民获取信息的能力和现代农业科技应用能力;对

接"耕读书屋"管理员开展图书管理业务培训,"一对一"指导其科学管理图书。图书馆服务乡村基层,实现了乡村与高校资源共建共享,为乡村振兴提供了知识支撑。

在米升博物馆,队员们通过参观民间百姓使用之量具升、斗、斛的展示,听米升历史故事,了解从"一升难平"到"升平盛世"——一粒种子的报国路,了解不同时代的稻作文化。同时大家在袁隆平杂交水稻展厅分享了《"非常"农民:袁隆平》一书,更加坚定了传承隆平精神的决心,纷纷表示要知农、爱农、兴农,为家乡,为乡村振兴贡献力量(李煦,2022)。

二、中国科学院大学图书馆开展"喜庆二十大 助力新农村"捐书活动

助力乡村振兴,文化科普先行。为践行乡村振兴之文化振兴,营造书香助农良好氛围,充分发挥"阅读驿站"在乡村文化振兴中的作用。2022年,中国科学院大学图书馆走进桥梓镇峪沟村,开展"喜庆二十大 助力新农村"捐书活动。

此次活动共捐赠书籍600余册,涵盖乡村振兴、党史教育、农业科技、历史文化、儿童文学等各个领域,旨在助力农村文化建设,提升文化素质,让广大群众在乡村振兴的道路上享有更多的精神文化获得感。座谈会上,桥梓镇党委副书记代表桥梓镇党委、政府向中国科学院大学图书馆对峪沟村的爱心捐赠表示衷心的感谢,并表示,乡村振兴一直是桥梓镇的工作重点,文化振兴更是乡村振兴的重要内容,本次活动以书为媒,为桥梓镇送知识,帮助村民开阔视野,提升文化素养。

中国科学院大学图书馆的党员和群众代表、桥梓镇市民活动中心负责人、峪沟村党员和群众代表等就基层党建、美丽乡村建设、文化建设等工作进行了深入交流。捐书仪式后,大家还共同参观了村级综合文化室,体验了市级非遗项目阮氏沙燕的制作,慰问了峪沟村在抗战期间支援过前线的老人。峪沟村阅读驿站于2022年8月投入使用以来,得到了社会各界的关注和支持。先后获赠图书6000余

册，给村民提供了更良好的阅读、学习体验。接下来，桥梓镇还将不断丰富村民文化生活内容，不断增强百姓获得感，深入贯彻党的二十大精神，持续推进美丽乡村建设（尚德桥梓，2022）。

三、聊城大学图书馆开展"文化春风，助力乡村振兴"活动

聊城大学图书馆党总支 20 多人赴冠县辛集镇，与辛集镇政府、省派辛集镇第一书记工作组、辛集镇中学联合开展"文化春风，助力乡村振兴"主题党日活动。在辛集镇领导与第一书记工作组的陪同下，首先赴辛集新村白官屯村参观了第一书记乡村振兴资金帮扶在建项目——粮食烘干仓储，实地感受新农村建设。省派驻于家新村第一书记路灿云结合党的二十大精神对项目的整体情况进行了介绍。他介绍道，为降低农业风险，让粮食在"种好"的基础上"卖好"，第一书记工作组组织开展全镇农业"延链补链"行动，而粮食烘干存储就是其中重要一项。该项目极大地解放了农民的劳动力，成为老百姓心目中的"金字招牌"。在场党员也进一步加深了对"国之大者"的理解和把握，明晰了新时代新农村建设及青年奋斗的目标。

图书馆为乡村书屋进行了捐书仪式，共捐赠图书 335 册，价值近 2 万元，内容涵盖了农业技术、文学、党建等供群众阅览。冠县辛集镇党委书记程红镁说："卷卷书香，款款真情。捐出的是书籍，流露的是聊大师生的温情。村民一直渴望文化室有书看，在全民阅读的大背景下，图书馆送来的书像一场及时雨"（陈立风等，2023）。

四、贵州民族大学图书馆："黔语书香"助力乡村文化振兴

为深入贯彻落实党的二十大精神和省委十三次党代会精神，服务国家乡村振兴战略，履行高校图书馆社会服务和文化传承职能，贵州民族大学图书馆结合自身优势，实施"乡村文化振兴基层行"专项行动计划，持续开展"优质服务基层

行"活动，旨在加强乡村未成年人阅读阵地建设和基层公共文化服务建设，引导教育、文化服务深入乡村基层，持续推动区域乡村阅读文化建设，助力乡村文化振兴。

"茫父少儿图书馆"建成周年之际，贵州民族大学图书馆联合花溪民盟总支、久安乡人民政府于2023年3月15日下午在久安乡开展了乡村文化振兴基层行"黔语书香"系列活动，彰显大学图书馆使命，助力乡村文化振兴。本次活动由贵州民族大学图书馆策划统筹，贵州民族大学文学院图书馆学系具体实施，久安乡"茫父少儿图书馆""新时代文明实践所"和"久安中心完小"大力支持。同时，该活动也是"多彩贵州·书香高原"首届最美图书馆入围展示活动。

"黔语书香"系列活动分为党的二十大精神宣讲和未成年人阅读服务两个板块，设计了《全民阅读和乡村振兴》主题讲座、党的二十大主题电子图书展、童书阅读课堂和传统文化技艺体验四个专场。两个活动板块分别面向久安乡小山村村民和中心完小学生开展活动。

活动一：开展党的二十大精神宣讲——全民阅读和乡村振兴。

民大图书馆卢云辉馆长宣讲中，结合党的二十大报告中"全面推进乡村振兴""推进文化自信自强""繁荣发展文化事业和文化产业"等精神要求，提出了要"打造乡村居民的精神驿站""打造惠民生的文化阵地""打造移风易俗的文化平台"等，以全民阅读激发乡村振兴活力。

活动二：走进乡村学校举办乡村文化振兴基层行"黔语书香"系列活动。

（1）童书阅读课堂。童书阅读课堂在久安乡中心完小的图书室举行，二年级一班小学生参加。阅读课堂由民大文学院图书馆学系同学讲授，她们带领同学们走进著名儿童文学短篇小说《小王子》。阅读课堂以《小王子》一书为主线，引导同学们以角色扮演、故事想象和创作等方式了解该书内容，抛出故事梗概，激发同学们自我阅读的兴趣，并通过自己的阅读走进《小王子》。

（2）传统文化技艺体验。传统文化技艺体验专场分为古籍保护传承体验和传统文化技艺体验。久安乡中心完小的100余名小学生分别参加了雕版印刷、线装书制作两项古籍保护传承体验活动和瓦当传拓、湿拓画、古法花纸等传统文化技艺体验活动（陈世莉 等，2023）。

五、桂林理工大学图书馆开展"深化定点文化帮扶 助力乡村振兴"活动

为全面贯彻落实党的二十大精神，持续巩固深化"我为群众办实事"实践活动，图书馆开展"深化定点文化帮扶 助力乡村振兴"活动，由张雄馆长带队前往灌阳县黄关镇商家小学进行文化帮扶。

为更好地帮扶商家村，图书馆前期进行了实地调研，了解到商家村地理位置偏远，仅有的一所小学商家小学，目前存在师资力量薄弱、教学环境简陋、优质教育资源匮乏等困难，图书馆召开专题帮扶研讨会，确定具体文化帮扶措施。文化帮扶活动当天，图书馆为商家小学援建了阅读角，捐赠新书架以及250余册图书，这些图书既有中国古典四大名著的注音彩绘本，也有世界儿童共享的经典丛书，既有益智有趣的书籍，也有可以开阔眼界的科普知识，同学们今后通过这个阅读角就能够了解大山以外的世界。

在教室里，图书馆韦巍老师为小学生讲授书法课。他强调书法是中华优秀传统文化的重要组成部分，写好中国字有着重要的意义，他耐心讲解硬笔书法的基础要领和技巧，现场指导同学们进行硬笔书法的练习。这堂书法课让同学们体会到了书法的美妙，感悟到祖国传统文化的博大精深，激发了写好汉字、学习书法的兴趣，提高了学习的积极性，是非常有意义的一堂课。

乡村振兴，教育先行。今后，图书馆将继续依托桂林理工大学深厚的文化底蕴和自身丰富的文化资源，为改善商家小学的教育条件、丰富教育资源开展精准文化帮扶活动，助力乡村振兴（学科服务部，2023）。

六、遵义师范学院图书馆——助力乡村振兴 聚焦文化帮扶

在遵义师范学院校长刘肇军、副校长娄胜霞的带领下，图书馆馆长蓝卡佳与

党政办公室、党委组织部、产学研、生物与农业学院、附属实验学校等部门负责同志一同到余庆县龙家镇龙家小学、新坪村开展乡村振兴帮扶调研。刘肇军校长一行来到龙家镇龙家小学参观、座谈，并向龙家小学捐赠了 500 余种 1500 余册价值 3.9 万元的图书。

"传承红色基因，讲好遵义故事"，龙家小学有百年的办学历史，曾经是遵义师范学院的教育实习基地、共青团"三下乡"暑期社会实践基地。老校长梁中凯是本校知名校友、省管专家、小学正高级教师，是学校"留得住、下得去、用得上"扎根山乡的优秀代表。

在第 27 个"世界读书日"来临之际，图书馆充分发挥服务社会的职能，推动全民阅读，传递书香，助力乡村振兴。乡村振兴，不仅是物质的振兴，关键是文化的振兴、精神的振兴。扶贫，既要扶物质之贫，更要扶精神之贫。文化繁荣发展了，人的精神面貌自然焕然一新。图书馆将一如既往地支持乡村学校的文化建设，让书香溢满山乡大地（蓝卡佳，2022）。

七、三峡大学图书馆开展"书香"下乡 助力乡村文化振兴

三峡大学图书馆党总支组织党员赴长阳土家族自治县高家堰镇佑溪村开展走访调研，积极开展"书香"下乡，助力乡村文化振兴。

2022 年 4 月，图书馆党总支所属的综合党支部与资源建设党支部共 20 名党员，前往佑溪村开展走访调研活动。首先在佑溪村村委会举行了简短的座谈会，听取三峡大学乡村振兴驻长阳县高家堰镇佑溪村第一书记、工作队队长唐峰昌关于开展乡村振兴的工作汇报；图书馆党总支负责人介绍了此次调研活动的目的，并表达了图书馆希望在文化振兴方面助力佑溪村的发展。大家经过充分的交流与讨论，达成基本共识，列出具体举措并尽快付诸实施。随后，在三峡大学驻村工作人员的陪同下走访参观了乡村振兴的帮扶项目、农家书屋、村卫生室、盆景园、彭家河小学图书室的建设情况。佑溪村是由湖北省委、省政府确定的三峡大学驻村帮扶定点单位。该村 2014 年被列入长阳县 54 个重点贫困村之一，全村共计贫

困户 214 户 589 人已于 2020 年全部脱贫。学校除了大力开展产业帮扶和消费帮扶，还将积极发挥自身优势，结合佑溪村实际情况，多措并举，将大学人才、智力、科技力量转化为经济社会发展的推进力量，扎实推进教育帮扶、文化帮扶、科技帮扶、健康帮扶等工作，全方位助力佑溪村巩固脱贫攻坚成果，迈向乡村振兴新征程。

通过本次调研交流，图书馆将发挥自身资源优势，结合佑溪村实际情况，采取支部联建共建方式，积极推进"书香"下乡，助力乡村文化振兴，持续参与乡村振兴工作（王军，2022）。

第二节 乡村图书馆助力乡村文化振兴

一、乡村图书馆与留守儿童教育

（一）贵州省图书馆"布客书屋"

2021年11月23日，由贵州省文化和旅游厅主办，贵州省图书馆、贵州文艺人才交流培训中心承办的全省布客书屋文化志愿服务专业培训暨工作交流会在贵阳启动。

据悉，这是贵州首次面向全省公共图书馆开展的少儿阅读推广服务培训，来自省内130名各级公共图书馆工作人员及阅读推广服务志愿者参会，为期3天的讲座邀请到包括深圳少年儿童馆馆长宋卫、湖南省少年儿童图书馆副馆长薛天、中国图书馆学会阅读推广委员会残疾人阅读专业委员会副主任束漫、渊冲文化创始人李昊等在内的省内外知名专家学者。

公共图书馆作为公共文化服务机构的重要组成部分，对推动全民阅读起到重要作用。其中，布客书屋儿童阅读推广服务作为贵州省文化和旅游厅、贵州省图书馆大力实施的公共文化项目，已走过10个年头，目前在全省已建布客书屋项目点43个，另有4个项目点正在建设中。

贵州省图书馆副馆长韩洪表示，此次培训充分发挥省级公共图书馆的业务引领职能，帮助布客书屋项目点组建当地文化志愿服务团队，提高文化志愿者的专业知识和技能水平，不断增强本土文化服务志愿者内生动力，使布客书屋的管理和服务更加规范。

"多年来，我馆不断探索拓宽阅读推广和文化资源输送的版图，向布客书屋项目点少年儿童交出了一份份用心血和汗水书写的阅读服务答卷。2021年以来，我馆通过策划组织开展'全省布客书屋少年儿童创意书签设计大赛'，以'长征·生态·记忆'为主题，激励各地布客书屋参与创意书签设计活动，开展星级布客书屋评选活动等，不断增强布客书屋项目点的凝聚力，激励各项目点开展儿童阅读推广服务的活力。"韩洪说。

"布客书屋项目一直以来坚持服务于偏远地区的青少年儿童，将优质阅读资源输送到农村地区，促进阅读公平，将先进的阅读推广理念和方法走近基层图书馆馆员和文化志愿者。"贵州省文化和旅游厅公共服务处一级主任科员唐亚娟表示，2019年，由贵州省文化和旅游厅推选的"贵州省布客儿童阅读推广文化志愿服务队"获第四届中国青年志愿服务公益创业赛银奖。

深圳少年儿童图书馆馆长宋卫在参观了贵州省图书馆新馆和贵阳市少年儿童馆后认为，贵州在全国阅读推广案例中占有重要位置，布客书屋的打造有益于促进偏远地区少儿阅读公平，在经费有限的条件下能够做出如下成绩实属不易。

启动仪式上，六盘水市图书馆布克书屋、麻江县图书馆布客书屋、凤冈县第三小学布客书屋、湄潭县天城完小布客书屋、六枝梭戛乡隆嘎逸夫小学布客书屋获贵州省图书馆颁发的优秀组织奖（陈江南，2021）。

（二）湖北省图书馆"相约乡读"

"这堂课太有意义了，让我更深刻地理解字词，读课本更简单。""用这个方法，我的语感好起来了，能更好地理解课文的语境。"是什么课，让孩子们受益匪浅？

"原来被人倾听是这种感觉，心里暖洋洋的。"是什么，使孩子心灵被抚慰？

湖北省图书馆走进红色传承之地——长阳土家族自治县都镇湾镇麻池中小学，举办"相约长阳清江阅享快乐童年"相约乡读·城乡家庭研学营活动启动仪式，并给当地孩子们带去了丰富的阅读伴成长套餐。

启动仪式上，湖北省图书馆副馆长郝敏出席活动并宣布研学营正式启动，宜昌市图书馆馆长、长阳土家族自治县文化和旅游局党组成员、工会主席分别致辞，麻池中小学校长主持。各级图书馆分别向学校捐赠图书、物资和爱心款项，中心学校的孩子们带来精彩纷呈的文艺节目。

郝敏表示，相约乡读是湖北省图书馆引领全省公共图书馆开展乡村文化活动的一个品牌项目，以长阳麻池中小学为试点启动家庭研学营，旨在通过相约乡读项目，用阅读链接城乡家庭、学校、图书馆以及社会志愿力量，让城乡的孩子和家庭因为阅读而快乐幸福。今后，省图书馆将进一步发挥龙头引领作用，联动市、县级图书馆进一步优化服务供给，力促阅读推广活动与资源向基层倾斜，通过线上线下方式，开展丰富多彩的阅读活动。

仪式结束后，湖北省礼仪学会副会长邹翊燕带领孩子们练习"朗读的技巧"，培养语感，帮助孩子们更好地理解课文语境。湖北省图书馆馆员叶黎给低年级孩子带来了"绘本阅读课"告诉孩子们不一样的阅读视角；心理咨询专家邹和新、李琼针对中考学生做了"考前心理辅导"以及一对一解答学生心理咨询，通过对孩子们的心理辅导、问题引导及心理疏通，使孩子们感受到心灵关爱。

活动最后，湖北省图书馆、宜昌市图书馆、长阳土家族自治县图书馆三级图书馆相关人员就如何做好相约乡读工作举行了座谈。

下一步，湖北省图书馆、宜昌市图书馆、长阳土家族自治县图书馆三级图书馆将携手促进"文教融合"发展，通过文化助力乡村振兴，让更多青少年享受文化知识带来的乐趣与力量，努力实现"支持一个学生，带动一个家庭，改变一座村庄"的愿景（曾丽，2023）。

（三）河南省少年儿童图书馆"手拉手，阅读齐步走"

2021年是中国共产党成立100周年，为进一步发挥省级少儿图书馆的作用和优势，助力乡村巩固脱贫攻坚成果，关爱留守儿童文化生活，践行图书馆公益均等化服务，6月24日，河南省少年儿童图书馆以"手拉手 阅读齐步走"为主题开展红色研学活动。

此次研学活动由河南省文化和旅游厅、省直文明办主办，河南省少年儿童图书馆承办，中国银行郑州文化支行、黄帝故里基金会协办，原阳县路寨乡怀林学校留守儿童及老师60人参加了活动。

省文化和旅游厅一级巡视员康洁前来看望参加活动的孩子，详细了解孩子们的学习和生活情况，并向孩子们讲述党史知识。

省少儿图书馆馆长崔喜梅发布暑假活动安排，随后向原阳县路寨乡怀林学校捐赠图书和学习资料、为学生发放阅读大礼包，让孩子们感受到社会的温暖和关怀，鼓励孩子们努力学习，长大后成为国家的栋梁之材。

针对此次留守儿童红色研学，省少儿图书馆策划了读书分享、数字体验、知识闯关、展演互动等一大波好学、好玩的活动。活动分为"红色少年跟党走""'童心向党'读书会""E心向党薪火传""我在少图学党史""唱支歌儿给党听"五个环节，活动区域分布在馆内一楼至六楼（五楼除外）各个区域，营造出沉浸式党史学习氛围。

崔喜梅表示，希望通过"手拉手 阅读齐步走"留守儿童红色研学活动，发挥图书馆的公益均等性，让公共文化润泽每一个孩子的心灵。深入推进关爱留守儿童行动，帮助和服务留守儿童健康快乐成长。向留守儿童讲解党史故事，参与体验图书馆特色阅读体验活动，在他们幼小的心灵里种下学党史、知党恩的种子，增强他们的爱党爱国情怀，让党的百年历史点亮孩子们的梦想，让红色精神永远流传（陈静，2021）。

（四）河南探索村级图书室管理新模式——请乡里孩子当图书管理员

2019年4月19日，一辆从郑州满载各类图书的货车缓缓来到河南省太康县杨庙乡陈庄村综合文化广场，太康县县乡村的干部群众早已等候多时。货车一到，大家搬书、上架，忙得一刻不停。

"好孩子，来咱们一起合张影留个纪念。"太康县文化广电和旅游局局长王拥军热情地招呼着站在广场上的一位10多岁小女孩，"今天省里专门送来几千册图书，县里给你配一把村图书室的钥匙，聘请你当管理员，今后你拿着钥匙，可以随时带着同学们来看书啦！"

太康县文化广电和旅游局局长王拥军介绍，目前农村人口出现"两多"，即留守儿童多、老人多。这次省厅的帮扶，弥补了农家书屋供书不足，"最重要的是，这次与省城的图书馆接上了头，建立了走动机制，村里太渴望省会城市的专业老师来村里搞讲座、搞培训，常来常往，把省里资源与乡村文化互动起来。"

据了解，2017—2021年，河南省每年设立1亿元的基层综合性文化服务中心建设省级奖补资金。目前全省4.8万个的行政村（社区）中，多数建成了高标准的综合文化服务中心，广场、舞台、图书室、活动室等一应俱全，一场场聚人气、暖人心的文化活动在这里开展。

河南省文化和旅游厅希望以此事为范例，探索基层公共文化阵地由社会力量参与管理的新途径。河南省文化和旅游厅巡视员康洁说，让村里的孩子直接参与管理村图书室，引导村里的中小学生从文化获得者变成村图书室的管理者、运行者，希望河南各地把太康县这个村的创新作为有益探索，鼓励更多的社会力量共同参与管理，让全省的一个个村级图书室为民敞开，真正成为广大基层群众的精神家园（陈关超，2019）。

二、乡村图书馆与乡村人才培育

（一）流通图书站落地六合村 阅读助力乡村人才振兴

书中自有黄金屋、书中自有颜如玉。施秉县马号镇六合村新改造的图书室开放，充满书香的阅读环境，内容丰富的课外图书，成为假期生活中的"趣味乐园"，让这里的孩子不出村寨就能畅享知识"大餐"。

深圳一家爱心企业通过"扶苗行动"向马号镇六合村捐赠了5万元爱心资金，用于六合村标准化图书室建设，经过对村活动室进行改造，于2022年6月底建成了新图书室并投入使用。同时，为了进一步丰富图书室的藏书量和藏书种类，2022年7月，马号镇六合村邀请贵州省图书馆研究员来到六合村，就该村设立省图书馆村级图书流通点的可行性进行调研考察。

建设村级图书流通点是省图书馆延伸和扩展公共文化服务触角的重要举措，通过为各流通点提供书籍，有效提升各图书小站的服务质量和服务范围，最大限度满足人民群众的阅读需求。当前，省图书馆为六合村协调的 1200 册图书已全部入驻村图书室，且每半年流通更换一次。

"我希望通过书屋的打造，能够真真切切地帮我们六合村的文化振兴和人才振兴打造一个阵地，把功能真正发挥出来，满足老百姓的文化生活需求，我相信能够长效运转下去。"马号镇六合村驻村第一书记李超洋说（吴康 等，2022）。

（二）乡村振兴十大阅读推广人叶华程：在乡村播撒阅读的种子

走进湖北省襄阳市谷城县庙滩镇黄畈村，青山绿田之间，掩映着一座白墙黛瓦的院落，别有韵味，屋外阳光明媚，屋内书香四溢。这里是黄畈村农家书屋——劝学图书馆，曾获得"全国示范农家书屋""第九届全国服务农民、服务基层文化建设先进单位"殊荣。

这个农家书屋的管理员叶华程，是"乡村振兴十大阅读推广人"之一。他说，我是在农村长大的，深知只有读书才能改变命运，所以退休后我创办了黄畈村农家书屋，希望给乡亲和孩子们提供一个读书学习的地方。今年 64 岁的叶华程退休前是谷城县纪委干部，退休后则回到老家成了一名文化志愿者。

叶华程还在劝学图书馆免费开办青少年读书、科普活动和书画培训等，为孩子们打造校外学习第二课堂和文化乐园。劝学图书馆不仅是孩子们的"精神灯塔"，还是乡亲们的"加油站"。准备养鸡和种树的村民席悦来，借阅了这方面的读物，准备大干一场；年过五旬的拖拉机手杨正银经常在劝学图书馆里精读农业科技书籍，他学会了修理拖拉机，还实践了机械化耕地和收割。

截至目前，劝学图书馆共有 1.3 万余人次登记借书，丰富了当地群众的精神文化生活，其在服务基层、传播文化、引导乡风、弘扬正气等方面发挥着润物细无声的作用，为推动乡村振兴增添了源源不断的精神动力。"文化能惠及长远，我兴建黄畈村农家书屋，目的就是劝勉读书学习。"叶华程说，能让村民和孩子们从读书中受益，自己所做的一切就都值得了（人民融媒体，2022）。

三、乡村图书馆为乡村振兴"添砖加瓦"

"这里的书真多,明天放学后我们还要来这里看书、写作业……"河南省开封市尉氏县邢庄乡屈楼村的几个小学生,在村图书馆欢快地交谈着。

屈楼村图书馆于2022年建成并投入使用,数千册书籍资料为村民提供了增长知识阅历、丰富文化生活、提高学习水平的场所。自村图书馆建成以来,屈楼村坚持基层党建与图书阅读活动相结合,设置红色阅读区域,利用每月的"党员活动日",定期开展主题学习,让村图书馆成为理论教育学习的教室,成为加强基层党建的有机载体,以组织"引擎"夯实基层党建,助力乡村振兴。

屈楼村图书馆的建成意味着屈楼村拥有了培育乡风文明和建设乡村精神文明的阵地,让渴望得到知识、想学习的村民足不出村就可以实现愿望,这也必将潜移默化地改善村民的生活方式和精神面貌。屈楼村图书馆设置有多功能桌椅,可容纳50人左右,为开展技能培训、知识科普等活动提供了便利条件。在河南省人社厅驻村第一书记的积极协调下,与职业学院的专家联合到村开展农业技术宣讲,对村民在农业生产中遇到的难题进行指导,提高农民的文化知识和技能水平。

此外,屈楼村图书馆还有大量农业政策、种植养殖、科普知识等方面的书籍,方便村民有针对性地进行学习,使图书馆成为村民学知识、长技能、强本领的好地方。下一步,屈楼村还将进一步丰富村图书馆的藏书和品类,吸引更多村民甚至其他村庄的百姓前来借阅。每月至少在村图书馆开展一次阅读活动,激发村民的阅读积极性,以书香赋能乡村文化振兴和人才振兴(王居位,2023)。

四、龙峰图书馆:赋能乡村人才振兴

龙峰图书馆,位于晋江市安海镇赤店村苏厝安平路107号,作为赤店村第四网格党群服务中心。不同于政府支持建设,它是由村里乡贤合力自发建设的民间公益图书馆,是网格服务站践行为民办实事的生动实践,秉持着以图书促学习、以文化促进取、以发展促经济的理念，旨在为村中学生提供一个良好的阅读、学习场所，将书籍和教育服务课程送进村民家门口，切实打通为民办实事、服务群众的"最后一公里"。

自村里网格服务中心成立以来，网格员主动向群众征集急难愁盼问题，群众集中反映最为突出的一个问题是：学生课后教育资源匮乏、村中文化氛围不浓厚。村中青少年课余休闲活动场所和空间不足，加上距离镇中心较远，学生享受课后阅读、辅导的机会较少。建设这个公益图书馆，为村中学生提供素养提升课程是赤店和苏厝回应群众需求的一个典型案例（蔡雅雯，2023）。

五、岚皋县：让图书馆成为乡村振兴的"文化粮仓"

（一）阵地建设日趋完善

为解决传统图书馆管理难、阅读难等问题，岚皋县积极探索图书馆发展新模式，通过现状分析、查阅资料、外出考察等方式，确定了一条适应时代潮流的发展之路。近年来，争取省市专项资金400余万元，建成智慧图书馆1个、24小时自助图书馆9个、政企合作书吧2个，图书总藏量达13.39万册，图书总分馆之间率先实行通借通还。为增强读者阅读兴趣，图书总馆还引进3D打印和VR体验设备，让传统书籍和现代科技巧妙结合，让图书馆变成群众的精神文化乐园。

（二）服务效能持续提升

岚皋县打破传统图书馆开放时间限制，实现24小时自助开放及全县境内通借通还，镇村读者可利用闲暇时间通过刷读者证、身份证、支付宝、微信二维码、人脸识别等多种方式进馆借还图书，不仅提升了读者服务质量，还极大地满足了群众的阅读需求。通过盘活线上图书服务，不定期开展线上朗读大赛、少儿阅读展示、好书推荐、文化慕课、VR进社区、手机网络直播等活动，公共文化服务的受益者明显增长，公共文化服务效能不断提升。

（三）活动品牌已然形成

为健全全民阅读引导机制，岚皋县创新工作方法，将全民阅读与文化活动相结合，充分利用世界读书日、图书馆宣传服务周、全民阅读月等时间节点，举办"我心向党·文化岚皋"快闪朗读、世界读书日经典诵读、寻找岚皋书香小使者、书香镇村评选等活动，形成了"全民阅读·文化岚皋"快闪朗读活动品牌，营造出"好读书、读好书、人人都是书香使者"的良好文化氛围。

（四）读者兴趣不断增强

探索"图书馆+"发展模式，通过在图书馆内开展舞蹈、绘画、演讲、手工、声乐、乐器等公益培训活动，吸引更多群众走进图书馆。根据"智慧"系统中阅读数据反馈，按照读者阅读习惯配备最受读者欢迎的好书，通过"文化岚皋"微信公众号推出电子书籍，定期发布读者借阅排行榜，不定期通报表彰奖励读者等形式，树立一批爱阅读典型，提高了读者的阅读兴趣。随着自助化、智能化、全天候的阅读模式推行，全县人民的阅读兴趣显著提高，乡风文明进一步加强，社会秩序更加稳定。

岚皋县镇级图书馆建设能有效解决地方图书资源匮乏问题，为群众提供了便捷服务，打通了公共文化"最后1公里"，成为乡村振兴的"文化粮仓"（奚钦，2022）。

六、乡村图书馆与文明乡风民俗的培育

（一）乡村书房涵养文明乡风

中山市东凤镇西罟步村香山书房书香四溢。

这座将书房与村史馆融合而建的香山书房，书架上是整齐摆放的千册图书，还有农耕生活彩绘、当地特色农作物模型以及老农具等极具乡村特色的物品。"书香四溢"的村中书房，见证的是全镇上下愈来愈浓郁的全民阅读风气。"阅读"改

变的不仅仅是村镇环境，丰富居民精神世界的同时，更涵养了村落的文化生态，为塑造淳朴的文明乡风提供了有效载体。

近年来，东凤镇始终坚持把加强农村精神文明建设作为全面推进乡村振兴的重要内容，以培育和践行社会主义核心价值观为主线，涵养文明乡风，激发农村活力，焕发乡村文明新气象。在14个村（社区）建设新时代文明实践站、综合文化服务中心，镇村拥有14个图书馆（图书室）、4个香山书房、1个共享阅读空间以及1个邻里文化家，14个村（社区）阅读空间累计藏书9.2万册，打造出了群众家门口的思想文化阵地。

随着全民阅读氛围日渐浓厚，东凤镇各村积极常态化开展阅读分享、亲子阅读、好书推荐等活动，每年40场次以上，并打造出了"书香东凤·悦读越美"等一系列品牌。在此基础上，东凤镇还建立了"理论宣讲团""百姓宣讲团""文艺宣讲轻骑兵""理论宣讲志愿服务队"等宣讲队伍，平均每年开展宣讲活动300余场次，覆盖党员群众约2.6万人次。

全民阅读活动的有效推进使全镇上下文化氛围日益浓厚，使东凤镇的乡风文明得到更大提升。全镇还将学习宣传《中山市文明行为促进条例》纳入农村精神文明建设的重点内容，开展学习问答、入户宣传等活动，举办"文明城市大家谈"访谈活动，让文明内化于心，外化于行。积极引导村（社区）完善村规民约（居民公约），健全红白理事会、道德评议会等组织架构，推广道德文明"积分银行"治理模式，开展移风易俗、弘扬时代新风主题文明实践活动600余场次。

阅读推广活动做得有声有色、理论宣讲贴近群众入脑走心、实践举措务实惠民，东凤镇为打造新时代农村"精神园地"交出了一份优异的文明实践答卷（闫莹莹 等，2023）。

（二）衡山县白云村："农家书屋"引领乡风文明

近年来，衡山县把深入推进农村精神文明建设作为乡村振兴的重要抓手，始终把农家书屋建设纳入重点工作，极大地丰富了群众的精神文化生活，助力打造老百姓喜闻乐见的文明幸福村和文明城市创建。

目前，衡山县福田铺乡白云村农家书屋完成了升级改造并验收。翻新后的农家书屋，除设置传统藏书区外，增设了茶吧阅览区，配备了茶桌、椅子、绿植等，温馨舒适的环境让人眼前一亮。同时，由村支委委员兼书屋管理员，规范了农家书屋的借阅流程。"我们将着力把农家书屋打造成，政策理论的宣讲课堂，农民致富的充电学堂，乡村文化的展演礼堂，留守儿童的校外课堂。"福田铺乡白云村党总支书记王忠海说。

为了不让农家书屋成为摆设，白云村在选择书籍时，把群众真正想看、爱看，富有"农味、村味、乡情味"的图书摆上书架，其中生活常识、少儿图书、科学种植养殖等方面的书籍颇受村民欢迎。该村自2017年农家书屋开办以来，经过提质升级改造后，现有书籍1500余册，真正成为村民们的"精神粮仓"。"我们学校和村里都有图书馆，而且图书馆的环境也很安静，让我们可以安静用心地读书，认真地读书，而且还可以从书上获得很多新的知识，丰富我们的阅历。"白云村七年级学生汤兰说。

目前，衡山县的12个乡镇都建立了一个农家书屋示范点，全县153个行政村、社区都建起了农家、社区书屋（唐有权 等，2023）。

（三）平度市："行走的书箱"带"活"乡村阅读

自2017年在旧店镇试点以来，目前山东平度市3020个"行走的书箱"相继走进云山、田庄、同和、南村等镇街的220个村庄、30所学校，举办"领读人"培训班67期，培训领读人1250人，图书累计借阅量超50万册。

同时，平度市政府先后邀请知名儿童作家、少儿图书编辑等到平度市开展阅读名家进乡村、乡村阅读论坛等活动，2018年还联合人民日报出版社在北京举办首届乡村阅读推广论坛，吸引业内百余名学者参加。与会专家学者认为，"行走的书箱"项目对提升农民素质，培育文明乡风，实施乡村振兴战略起到推动作用。

经过几年的实施，"行走的书箱"在激发群众阅读热情、助力乡村振兴方面发挥出重要作用。如旧店镇石楼院村村民徐兆鹏通过"行走的书箱"开阔了眼界，为自己的蜜桃产业规划三产融合的发展路子，成立专业合作社，承包土地1100

亩①，带领本镇种植蜜桃9000多亩，在当地形成了优势特色农业种植。他还把"书箱"引入合作社，让社员通过学习掌握农技知识。

为推动"行走的书箱"走深走实，平度市建立图书漂流站、流动书屋、图书驿站等图书流动阅读点13个，目前正探索将市图书馆、镇图书馆分馆和农家书屋有效链接，同时在镇图书馆分馆设立"行走的书箱"驿站，既作为领读人的培训中心，也作为"行走的书箱"图书配备中心，确保让最新的图书行走到群众身边，推动"让书箱走得更远，让乡村流溢书香"（杨楠等，2022）。

（四）桐庐县江南镇：让乡村图书馆成精神共富的"加油站"

"图书馆是我最喜欢来的地方，不但可以看书，还能经常参加有趣的活动""孩子们把这里当成课后乐园，可以接触新事物，学习新知识"……日前，"孝义荻浦迎亚运 公益阅读诗画行"桐庐县江南镇荻浦乡村图书馆七周年庆活动举行。

据悉，杭州书房荻浦乡村图书馆是一家民间公益图书馆。2016年开馆后，先后多次对场馆进行提升，目前可提供免费图书借阅、开展绘本图书交流、经典诵读、电影赏析、孝义文化宣讲、诗社雅集等形式多样的活动。同时，该图书馆还编撰荻浦村刊《世德之家》，将荻浦孝义文化、党建村务工作、民情民意、村内信访办理情况在村刊中进行公布，促进了乡村文化传承与社会治理有机统一。

江南镇党委委员郑继红表示，培育孝义文化品牌，营造书香氛围……作为2023年桐庐百姓日活动的子活动之一，该活动让乡村图书馆真正"落地生根"，不断满足群众精神文化需求的同时，也持续推进公共文化服务体系建设（杭州日报，2023）。

七、乡村图书馆与乡村综合治理

乡村振兴，文化先行。只有乡村文化振兴，才能树立乡村文明新风，建设和

---

① 1亩≈666.67平方米，下同。

谐美丽的乡村。散落在青山绿水、田连阡陌间的乡村图书馆，正是把文化撒向乡村的"种子"。互联网时代，如何让乡村图书馆这颗"种子"生根发芽，进而影响更多人，是各级党委政府始终琢磨的事。

近年来，云南省红河哈尼族彝族自治州个旧市以阵地建设为基础、以群众需求为导向、以活动载体为抓手，打造具有自身特色、多样化模式的乡村图书馆，进而让乡村图书馆接地气、有灵魂、活起来，提升老百姓的获得感、幸福感，助力乡村振兴。

个旧市将乡村图书阅览室与乡村振兴战略结合，发挥乡村图书阅览室作用，吸引更多村民走进阅览室学习，进而推动农村全面进步、农民全面发展、农民增收致富，为乡村振兴奠定基础。

乡村振兴，文化引导至关重要，必须先行。"我们将进一步筑牢乡村振兴之魂，以点带面、辐射带动，在全市形成各具特色又相互促进的文化振兴新模式，助力乡村振兴。"周云说（程浩，2022）。

参考文献

卜淼，2023. 公共图书馆留守儿童阅读服务现状、问题与策略 [J]. 图书馆工作与研究（6）：106-112.

蔡雅雯，2023. 龙峰图书馆：春季素养提升班火热进行中，赋能乡村人才振兴 [EB/OL]. [2023-03-18]. https://www.sohu.com/a/655964618_121123720.

陈关超，2019. 河南探索村级图书室管理新模式——请乡里孩子当图书管理员 [EB/OL]. [2019-04-23]. https://mp.weixin.qq.com/s?__biz=MzIyMzIwNDgwMA==&mid=2649590194&idx=2&sn=9fe262f1eb88e9d899270c6b95ac6051&chksm=f038ed1dc74f640bfd063c2a7767714518794072a2df5f43c7ba8a1550b8f287c1f947e8084d&scene=27.

陈江南，2021. 以"布客书屋"为载体，贵州公共图书馆用文化志愿服务促进少儿阅读推广 [EB/OL]. [2021-11-24]. https://baijiahao.baidu.com/s?id=1717271652134694907&wfr=spider&for=pc.

陈静，2021. 手拉手 阅读齐步走 省少儿图书馆开展留守儿童红色研学活动 [EB/OL]. [2021-06-25]. https://www.henan.gov.cn/2021/06-25/2171576.html.

陈立风，许磊，2023. 图书馆开展"文化春风，助力乡村振兴"主题党日活动 [EB/OL]. [2023-04-25]. https://mp.weixin.qq.com/s?__biz=MzA4MjgyODk2Mw==&mid=2650361942&idx=1&sn=5c0b5ccc4da5245b3d1771ee8f1dd34f&chksm=87f23b9ab085b28c930208ce9652570a2102a86cb027dbfe8bc812ec1b0e1d630902e757abcd&scene=27.

陈明，2020. 乡村治理现代化研究论纲 [J]. 华中科技大学学报（社会科学版），34（4）：125-134.

陈鸣，2006. 中国当代文化市场准入制度的生成轨迹——社会场域的结构性张力和政府文化管理的制度性调整 [J]. 中国文化产业评论 (1):216-227.

陈世莉，王磊，2023. 贵州民族大学图书馆乡村文化振兴基层行"黔语书香"系列活动在花溪久安举行 [EB/OL]. [2023-03-21].http://lib.gzmu.edu.cn/info/1107/4094.htm.

陈祥猛，2020. 乡村振兴背景下农村留守儿童成长问题研究 [D]. 泰安：山东农业大学．

程浩，2022. 云南个旧：乡村图书馆，不止是图书馆 [EB/OL].[2022-11-12]. http://yn.people.com.cn/BIG5/n2/2022/1112/c378439-40191734.html.

郭智惠，2022. 公共图书馆助力乡村文化振兴的路径研究 [J]. 农业经济（2）：75-77.

杭州日报，2023. 桐庐江南镇：让乡村图书馆成精神共富的"加油站"[EB/OL]. [2023-04-24]. https://baijiahao.baidu.com/s?id=1764053160771345341&wfr=spider&for=pc.

何佳桦，2018. 农村社会稳定与经济发展中农村文化的作用 [J]. 农村经济与科技，29（8）：217.

何金海，2022. 乡村振兴战略背景下乡村图书馆的法治转型 [J]. 四川图书馆学报 (1)：34-39.

侯艳苹，2015. 图书馆文化的培育与图书馆形象的塑造 [J]. 科技传播（20）：191-192.

胡剑南，2019. 乡村振兴战略背景下的乡村文化研究 [J]. 重庆社会科学（5）：120-128.

黄小兰，2019. 乡村振兴战略下乡村图书馆发展路径研究 [J]. 河南图书馆学刊，39（3）：130-132.

黄晓新，2021. 国外阅读组织发展简介 [J]. 新阅读（6）：42-46.

黄宗跃，2021. 以"三个坚持"绘就乡村振兴新画卷 [N]. 贵州民族报，2021-03-04（A03）．

焦莺，2021. 图书馆发展历程与实现现代化路径探索 [J]. 理论观察（5）：136-138.

金建军，2011. 图书馆形象：内涵、功能与特征 [J]. 图书馆学刊，33（11）：11-13.

蓝卡佳，2022. 遵义师范学院图书馆"4·23"世界读书日系列活动：助力乡村振兴 聚焦文化帮扶 [EB/OL]. [2022-04-21].https://mp.weixin.qq.com/s?__biz=MzI5NzA0NTExOQ==&mid=2651372594&idx=1&sn=183b476d5362c37c35a1d6b8ac7374a6&chksm=f7470122c0308834b926409a02955b4cad45ccd620eb6676938ea504c40ee920e65734f4502d&scene=27.

李超，2022. 乡村振兴战略背景下乡村图书馆高质量发展研究 [J]. 图书馆界（2）:68-73.

李瑞欢，2019. 基于全民阅读的公共图书馆阅读推广设计与实践创新研究 [J]. 兰州教育学院学报，35（8）：96-98.

李伟，2017. 浅谈我国图书馆发展历史及其前景 [J]. 青年文学家（30）：189.

李晓强，2022. 全民阅读背景下公共图书馆开展阅读推广的策略思考 [J]. 河南图书馆学刊，42（5）：19-20.

李新市，2006. 中国农村文化产业发展研究 [J]. 四川行政学院学报（2）：73-76.

李煦，2022. 湖南农业大学图书馆"耕读之约"实践队"阅"乡村助振兴 [EB/OL]. [2022-08-02]. https://baijiahao.baidu.com/s?id=1740036534277185686&wfr=spider&for=pc.

李艳春，2021. 乡村振兴背景下公共图书馆提升文化精准服务的路径研究 [J]. 兰台内外（31）：52-54.

李跃，2019. 新时代视角下高职院校图书馆科普阅读推广探究：以盘锦职业技术学院图书馆为例 [J]. 河南图书馆学刊，39（11）：21-22，28.

梁思聪，吴昊，2016. 我国水文水资源工作存在的问题及措施 [J]. 科技创新与应用（29）：223.

刘伟民，2016. 中国梦·美丽乡村建设：乡风民风 [M]. 广州：广东科技出版社．

孟祥林，2023. 乡村振兴视域下图书馆的治理困境及优化路径 [J]. 盐城师范学院学报（人文社会科学版），43(3)：31-42.

欧阳菲，2022. 新时代背景下图书馆公共服务功能定位与服务价值提升 [N]. 中国文化报，2022-12-02（003 理论专题）．

戚迪明，刘玉侠，任丹丹，2019. 转型中乡村文化建设的困境与反思 [J]. 江淮论坛（6）：14-21，197.

齐光宇，2022. 公共图书馆驻村第一书记推进乡村文化振兴路径研究 [J]. 图书馆学刊，44（7）：49-53.

钱亚君，2016. 浅论社会阅读与高校图书馆 [J]. 决策与信息（中旬刊）（6）：245-246.

覃志蓉，2021. 乡村振兴视域下乡村文化建设的路径探析 [J]. 山西农经（18）：29-30.

人民融媒体，2022. 劝学图书馆叶华程：在乡村播撒阅读的种子 [EB/OL].[2022-07-06]. https://baijiahao.baidu.com/s?id=1737602140536054511&wfr=spider&for=pc.

赛青，2016. 民族地区图书馆文化服务建设对策探析 [J]. 柴达木开发研究（2）：37-40.

尚德桥梓，2022.【喜庆二十大】中国科学院大学捐赠图书 助力桥梓镇乡村振兴 [EB/OL]. [2022-10-26]. https://mp.weixin.qq.com/s?__biz=MzI5MjY4MjU0OQ==&mid=2247535976&idx=1&sn=2171d1efe8140f1832e2bbfad246734c&chksm=ec7fa332db082a24eb12877be02472e8ae14556ec98e1c9ebbb0303608705d49c57c47d02d86&scene=27.

孙雯，2020. 图书馆的内涵、特征和功能研究 [J]. 甘肃教育（4）：37.

唐有权，刘紫叶，2023. 衡山县白云村："农家书屋"引领乡风文明 助力文明城市创建 [EB/OL]. [2023-04-18]. https://baijiahao.baidu.com/s?id=1763497750893995759&wfr=spider&for=pc.

王东维，2012. 三次农村社会主义教育及其启示 [J]. 理论探索（2）：21-26.

王宏鑫，方巍，2010. 图书馆的发生和发展研究 [J]. 图书与情报（6）：29-32，56.

王辉，2021. 论乡村振兴视域下乡村文化的历史变迁及路径重构 [J]. 盐城师范学院学报（人文社会科学版），41（5）:81-89.

王金瑞，2010. 社会主义新农村乡风文明建设的学理透析 [J]. 学理论（16）：78-79.

王居位，2023. 乡村图书馆为乡村振兴"添砖加瓦" [EB/OL].[2023-04-24]. https://mp.pdnews.cn/Pc/ArtInfoApi/article?id=35287256.

王军，2022. 图书馆开展"书香"下乡 助力乡村文化振兴 [EB/OL].[2022-04-06]. https://syw.ctgu.edu.cn/info/1008/43410.htm.

王万起，那世平，赵培云，2012. 基于阅读方式变迁的高校图书馆服务措施探讨 [J]. 现代情报，32（4），153-156.

王雄青，胡长生，2022. 社会力量参与"乡村图书馆+"合作模式高质量发展现实理路 [J]. 图书馆理论与实践（4）：46-52.

王吟，2007. 论我国 21 世纪当代图书馆精神 [J]. 经济与社会发展（4）：165-167.

王子舟，李静，陈欣悦，等，2021. 乡村图书馆是孵化乡村文化的暖巢—关于乡村图书馆参与乡村文化振兴的讨论 [J]. 图书与情报（1）：116-125.

吴康，吴昌前，颜鹏辉，2022. 流通图书站落地六合村 阅读助力乡村人才振兴 [EB/OL].[2022-08-16]. https://baijiahao.baidu.com/s?id=1741284948720653805&wfr=spider&for=pc.

吴晞，2015. 无愧于全民阅读的时代 [J]. 图书馆（6）:7-8，47.

吴晞，2016. 图书馆在全民阅读中的重要作用及其阅读推广功能 [J]. 图书馆杂志，35（3）：23-24.

吴晞，2020. 中国图书馆的历史和发展 [M]. 北京：朝华出版社．

徐慧，2017. 新型城镇化进程中乡村图书馆治理的现实困境与突破 [J]. 图书馆工作与研究（6）：10-15，75.

学科服务部，2023. 图书馆开展"深化定点文化帮扶 助力乡村振兴"活动 [EB/OL].[2023-03-04]. https://lib.glut.edu.cn/info/5803/6735.htm.

闫莹莹，邓淑芬，刘睿，2023.乡村书房涵养文明乡风：东凤镇多举措打造群众家门口的思想文化阵地 [EB/OL].[2023-07-19]. http://www.zsnews.cn/news/index/view/cateid/36/id/710472.html.

严峰，2014.从馆员书评开始，引领全民阅读的深入 [J].新世纪图书馆（1）：15-18，32.

严毅，2022.公共图书馆在乡村文化振兴中的建设模式和方略 [J].四川戏剧（5）：182-184.

杨洁，2022.岚皋：让图书馆成为乡村振兴的"文化粮仓" [EB/OL].[2022-12-19]. https://www.langao.gov.cn/Content-2501813.html.

杨楠，贾云鹏，2022.山东平度："行走的书箱"带"活"乡村阅读 [EB/OL]. [2022-01-22]. https://www.sdxc.gov.cn/sy/tp/202201/t20220122_9729949.htm.

杨帅，梁益铭，2013.国内外电子书阅读器市场现状研究 [J].高校图书馆工作，33（4），38-40.

杨晓燕，2022.公共图书馆助力乡村振兴调研：江市永胜县翠湖村图书馆为例 [J].办公室业务（14）：121-123.

余泽娜，孙燕青，周峰，2013.广东新农村文化建设现状分析及建议 [J].经济与社会发展，11（2）：105-109.

张柏林，2020.公共图书馆助力乡村文化振兴的模式与优化路径 [J].四川图书馆学报（6）：18-21.

张禧，毛平，朱雨欣，2022.乡村振兴背景下的农村社会思想教育研究 [M].北京：中国农业出版社．

张秀琴，刘宝娟，2006.现代大学图书馆形象探析 [J].保定师范专科学校学报，19（4）：109.

张宇宏，1981.浅议什么是图书馆 [J].河南图书馆季刊（1）：17-21.

赵娟，2022.涉农高校图书馆助力乡村文化振兴精准服务路径研究 [J].文化产业（1）：115-117.

赵媛，2023.我国数字阅读用户规模达5.3亿 [N].人民邮电，2023-04-24（001）．

郑中华，2021.深度贫困地区脱贫攻坚与乡村振兴有效衔接研究 [J].重庆行政（公共论坛），22（1）：30-33.

周登宇，2022.谈图书馆保存本的多元化特性 [J].甘肃科技，38（12）：75-77，91.

周兴，2022.乡村振兴背景下推进乡村文化建设的困境与对策 [J].重庆行政，23（4）：100-102.

附录 A 公共图书馆宣言

国际图书馆协会联合会 / 联合国教科文组织（1994 年）

社会和个人的自由、繁荣与发展是基本的人类价值。人类基本价值的实现取决于信息灵通的公民在社会中行使民主权利和发挥积极作用的能力。人们的建设性参与和民主社会的发展有赖于令人满意的教育和自由与无限制地利用知识、思想、文化和信息。

公共图书馆，作为各地通向知识的门径，为个人和社会群体提供了终生学习、独立决策和文化发展的基本条件。

本宣言声明：联合国教科文组织坚信公共图书馆是教育、文化和信息的有生力量，是透过人们的心灵促进和平和精神幸福的基本力量。

因此，联合国教科文组织鼓励各国政府和地方政府支持并积极参与公共图书馆的发展。

公共图书馆

公共图书馆是地方的信息中心，用户可以随时得到各种知识和信息。

公共图书馆应该在人人享有平等利用权利的基础上，不分年龄、种族、性别、宗教信仰、国籍、语言或社会地位，向所有人提供服务。公共图书馆必须为那些因各种原因不能利用普通服务的用户，例如小语种民族、伤残人员、住院人员，或被监禁人员，提供特殊的服务和资料。

所有年龄的群体都必须得到与其需求相应的资料。公共图书馆的馆藏和服务必须包括各种类型的适当媒体和现代技术以及传统资料。高质量和切合地方的需求与条件是公共图书馆馆藏与服务的基础。馆藏资料必须反映当前的潮流和社会的演变，以及人类努力和想象的历史。

馆藏和服务不应受制于任何形式的思想、政治或宗教审查制度，也不应受制于商业压力。

公共图书馆的使命

下列信息、识字、教育和文化有关的主要使命应该是公共图书馆服务的核心：

1. 从小培养和加强儿童的阅读习惯；
2. 支持个人教育和自学教育，以及各级正规教育；
3. 提供个人创造力发展的机会；
4. 激发儿童和青年的想象力和创造力；
5. 促进文化遗产意识、艺术欣赏意识、科学成就意识和科技创新意识；
6. 提供各种表演艺术的文化表达途径；
7. 促进文化间的对话，支持文化的多样性；
8. 支持口述传统；
9. 保证民众获取各种社区信息；
10. 为地方企业、社团和兴趣团体提供充足的信息服务；
11. 促进信息能力和计算机使用技能的发展；
12. 支持和参与各年龄群体的识字活动和计划，在必要时，组织发起此类活动。

拨款、立法和网络

公共图书馆原则上应该免费服务。公共图书馆是国家和地方当局的责任。必须制定专门的法规支持公共图书馆，国家和地方政府必须为公共图书馆筹措经费。公共图书馆必须是各种长期的文化、信息供应、识字和教育战略的一个基本组成部分。

为保证全国范围的图书馆协调与合作，各国的法规和战略计划还必须明确规定和提倡基于统一服务标准的国家图书馆网络。

公共图书馆网络必须建立与国家图书馆、地方图书馆、研究图书馆和专业图书馆，以及大中小学图书馆之间的关系。

运作与管理

必须制定明确的政策，确定与社区需求相关的目标、重点和服务。必须有效地组织公共图书馆并保持运作的专业水准。

必须确保与各有关伙伴合作，例如地方、区域、国家以及国际的各级用户团体和其他专业人员。

必须使社区的所有成员都能够获得图书馆的有形服务。这需要有地理位置优良的图书馆馆舍、良好的阅读学习设施，以及方便用户的相关技术与充足的开关时间。这同样包括为那些不能到馆的用户提供延伸服务。

图书馆服务必须适应乡村和城市社区的不同需要。

图书馆员是图书馆用户和馆藏资源之间的积极中介。图书馆员的专业教育和继续教育是保证充分服务所必需的措施。

必须开展延伸教育计划和用户教育计划以帮助用户从各种馆藏资源中获益。

宣言的实施

特此强烈要求世界各个国家和地方的决策者和整个图书馆界实施本宣言中所阐述的各项原则。

这个宣言是与国际图书馆协会联合制定的。

（程焕文于2008年根据IFLA网站上的"IFLA/UNESCO Public Library Manifesto 1994"英文版翻译。）

附录 B　图书馆服务宣言

（中国图书馆学会七届四次理事会 2008 年 3 月 21 日通过）

图书馆是通向知识之门，它通过系统收集、保存与组织文献信息，实现传播知识、传承文明的社会功能。现代图书馆秉承对全社会开放的理念，承担实现和保障公民文化权利、缩小社会信息鸿沟的使命。中国图书馆人经过不懈地追求与努力，逐步确立了对社会普遍开放、平等服务、以人为本的基本原则。我们的目标是：

1. 图书馆是一个开放的知识与信息中心，图书馆以公益性服务为基本原则，以实现和保障公民基本阅读权利为天职，以读者需求为一切工作的出发点。

2. 图书馆向读者提供平等服务。各级各类图书馆共同构成图书馆体系，保障全体社会成员普遍均等地享有图书馆服务。

3. 图书馆在服务与管理中体现人文关怀。图书馆致力于解决弱势群体利用图书馆的困难，为全体读者提供人性化、便利化的服务。

4. 图书馆提供优质、高效、专业的服务。图书馆充分利用现代信息技术，提高数字资源提供能力和使用效率，以服务创新应对信息时代的挑战。

5. 图书馆开展信息资源共建共享。各地区、各类型图书馆加强协调与合作，促进全社会信息资源的有效利用。

6. 图书馆努力促进全民阅读。图书馆为公民终身学习提供保障，促进学习型社会的建设。

7. 图书馆与一切关心图书馆事业的组织和个人真诚合作。图书馆欢迎社会各界通过资助、捐赠、媒体宣传、志愿者行动等各种方式，参与图书馆建设。